ローラン・ボーニッシュの
ブーケレッスン

new edition

フレンチスタイルの花束 基礎とバリエーション

ローラン・ボーニッシュ

誠文堂新光社

Les leçons de bouquet
de Laurent Borniche

SEIBUNDO SHINKOSHA

はじめに

私にとって、ブーケを組むこと、花を束ねることは
ごく自然なことで特別なことではありませんでした。
幼いころから、フローリストであった
祖父の田舎で野原の草花に触れ、
花屋を営む両親のそばで毎日の仕事を眺めながら育ったため、
花が身近にあるのは日常的なことでした。
花の世界でフレンチスタイルと呼ばれるものには、
シャンペートル、モダン、ロマンティックなどが一般的にあげられます。
しかし、人にはそれぞれ好みや個性があるように、
実際にはもっと多くの、さまざまなスタイルが存在します。
パリ左岸とブーローニュの森近くの地区では、
人々の文化も暮らしのスタイルもまったく異なります。
花のスタイルは自然とそのカルティエ（地域）に暮らす人々に
馴染んだものが受け入れられます。
フレンチスタイルがなぜ、世界の人々を魅了するのでしょうか。
それは、綺麗だと感じる季節の花を無造作に束ねる、
贈る人、贈られる人に幸せを感じてもらえるよう思いを込めて束ねる、
そのようなシンプルな発想から導かれる美しさではないでしょうか。
それが、万人に受け入れられる要因ではないかと思います。
私が作るブーケのこだわりは"香り"と"花色"。
植物の魅力を引き出し、その季節、その時間、
一期一会に出会った花を無理のない姿で花らしく束ねることです。

本書では、文化や習慣の異なる日本の皆様に
そのスタイルをお伝えするために、
基礎技術や伝統的なスタイルから、
色合わせ、花合わせのバリエーションまで、
フレンチスタイルを学ぶための
さまざまなエレメントを取り上げています。
基本のブーケ・ロン（ラウンド形のブーケ）でも、
季節の花の組み合わせで幾通りものバリエーションがあり、
同じ花材でも使い方によって
異なる雰囲気を表現することができます。
私の長年の経験から得た、花の扱い方、
組み合わせによって生まれる花の相乗効果、クリエーション、
色彩感覚をお伝えすることができれば嬉しく思います。
この本を手に取ってくださった皆様が、
ブーケをご自分で束ねてみたい、
花に触れてみたいと思うきっかけとなれば幸いです。

ローラン・ボーニッシュ

Table des matières

002 はじめに
006 ブーケ作りに必要な道具と資材
126 著者プロフィール

Chapitre 1
フレンチスタイルブーケ 4つの基本

010 フレンチスタイルブーケの基本 1
ブーケ・ロン
Bouquet rond

018 フレンチスタイルブーケの基本 2
ブーケ・モザイク
Bouquet mosaïque

022 フレンチスタイルブーケの基本 3
ブーケ・ストリクチュエ
Bouquet structuré

026 フレンチスタイルブーケの基本 4
ブーケ・デコラティフ
Bouquet décoratif

Chapitre 2
さまざまなフレンチスタイルブーケ 定番と応用

032 **ブーケ・シャンペートル**
Bouquet champêtre

036 **ブーケ・ボット**
Bouquet botte

040 **ブーケ・ボット・マリエ**
Bouquet botte de la mariée

044 **ブーケ・リニア**
Bouquet linéaire

046 **ブーケ・グラフィック**
Bouquet graphique

052 **ブーケ・コニック**
Bouquet conique

057 **ブーケ・ミルフルール**
Bouquet millefleurs

060 **グリーン・ブーケ**
Bouquet vert

064 **ブーケ・エキゾチック**
Bouquet exotique

068 **ブーケ・オリゾンタル**
Bouquet horizontal

072 **グラデーション・ブーケ**
Bouquet concentrique

074 **ブーケ・シュット・マリエ**
Bouquet chute de la mariée

078 **ローラン・スタイル**
Bouquet LAURENT style

※すべてのブーケの解説ページには使用した花材の写真を掲載しています。イメージで撮影したものであるため、写真上の花材の本数と、実際にブーケに使用した本数は必ずしも一致していない場合があります。

Chapitre 3
テーマ別 フレンチスタイルブーケ

- 084 テーマ【季節】
 春のブーケ
 Bouquet du printemps

- 086 テーマ【季節】
 春の空気を
 束ねるブーケ
 Bouquet de l'air du printemps

- 088 テーマ【季節】
 イースターの
 鳥の巣ブーケ
 Bouquet nid de Pâques

- 090 テーマ【季節】
 夏のブーケ
 Bouquet de l'été

- 092 テーマ【季節】
 秋のブーケ・
 シャンペートル
 Bouquet champêtre d'automne

- 094 テーマ【季節】
 秋色のブーケ
 Bouquet couleur automnal

- 096 テーマ【季節】
 ノエルのブーケ
 Bouquet de Noël

- 098 テーマ【色】
 カマイユブーケ
 Bouquet de couleur camaïeu

- 100 テーマ【色】
 深い色の
 ディープブーケ
 Bouquet de couleur profonde

- 102 テーマ【色】
 陽だまりの
 パステルブーケ
 Bouquet de couleur lumineuse

- 104 テーマ【花材】
 アンティーク色の
 ランのブーケ
 Bouquet d'orchidées couleur antique

- 106 テーマ【花材】
 野性的なバラのブーケ
 Bouquet de roses branchues

- 108 テーマ【花材】
 香りの庭バラのブーケ
 Bouquet de roses et parfum du jardin

" フランス
思い出の風景を花束に

- 112 ライレローズのバラ園にて
 La roseraie à l'Haÿ-les-Roses

- 114 ロワールの夏休み
 Mes vacances en Pays de la Loire

- 116 ブルターニュの夏
 L'été en Bretagne

- 118 ポタジェのダリアを主役に
 Bouquet de dahlia du potager

- 120 Laurent.B Bouquetierへようこそ!

ブーケ作りに必要な道具と資材

花を束ねるには、ハサミとナイフがあれば充分。用途によって使い分けます。
ここでは使い込んだ愛用品（右ページの写真の手前に並べたもの）と、
それに代わる手に入りやすいもの（奥に並べたもの）を紹介します。
道具は最初に揃えれば、消耗品を除けばきちんとメンテナンスをすることで長く愛用できます。
ハサミやナイフは使うたびに布でぬぐうか、洗ってよく拭いて乾燥させます。

❹ 花切り用ハサミ

フローリストハサミの名前で知られているもの。水揚げの前に花の茎をカットしたり、バラのトゲ取りや、花がらを摘み取るのに使用。その他ラッピング用のペーパーやフィルム、リボン、またブーケを縛る際に麻紐をカットするときにも使う。

❺ フローリストナイフ

葉物を枝分けしたり、水揚げの前に花の茎をカットするなど、おもに花材の下準備に使用。バラのトゲ取りにも。フランスの刃物メーカー「オピネル」のものを愛用。ハンドル部分と刃先が長いため、手が大きい男性にとっては持ちやすく使いやすい。

❻ 枝切り用ハサミ（細い枝用）

枝物をカットしたり、束ねたブーケの茎を切り揃える際に使用。愛用品は日本製のアンティーク。刃先が細長く丸くカーブしているため、曲がった枝や細かく枝分かれした枝の間にも差し込みやすい。片側がハサミのように輪になっているため、持ちやすいのも特徴。

❼ 枝切り用ハサミ（太い枝用）

枝が真っすぐで太く、大きい枝物をカットする際に使用。愛用品はずっしりと重みがあり、刃先が頑丈なフランス製。

❽ カッターナイフ

一般的なものに比べて刃の先端が尖っているものを愛用。ペーパーをカットしたり、またバラのトゲ取りなど細かい作業に使用。

❾ 麻紐

束ねたブーケの茎を縛る際に使用。茎をしっかりと固定し、持ち運んでも崩れないように頑丈に結束ができる。天然素材なのでブーケが温かみのある印象にもなる。

ナイフとハサミの使い方

水揚げ前の花の下処理を例に、ナイフとハサミの使い方を解説します。
水揚げとは、植物を束ねる前に水を吸わせる作業のこと。充分に吸水させておくことで花がしおれるのを防ぎ、持ちもよくなります。花の性質によってさまざまな方法がありますが、ここでは基本的な方法を紹介します。

【ナイフの場合】
茎の中の組織を潰さず、鋭くカットできる。茎を親指とナイフのあいだに挟むように入れ、できるだけ親指の付け根近くに茎をのせるように置く。刃を茎に対して斜めに当て、もう片方の手で茎を向こう側に引っ張りカット。斜めにカットすることで、茎の断面の面積（吸水面積）が大きくなり、水をよく吸うようになる。

【ハサミの場合】
ナイフが使い慣れない場合はハサミを使用。花を自分のほうに向けて持ち、もっともよく切れる刃の先端を茎の先に斜めに当ててカット。こうすると組織を潰さずに鋭くカットできる。茎をカットしたらたっぷりの水に浸けて、充分に水を吸わせる。

Chapitre

1

フレンチスタイルブーケ
4つの基本

この章では、4つのステップで
フレンチスタイルの基本的なブーケの作り方を紹介します。
「基本 1」では、もっとも基礎となる花の束ね方、
「基本 2」では花を色でまとめて見せる方法、
「基本 3」では高低差と奥行きを出すテクニック、
「基本 4」ではさまざまな花を使って
装飾的に束ねる方法を解説します。この4つのブーケには、
ブーケ作りに必要な基礎的な要素がすべて含まれています。
まずは4つのブーケを順番に作ってみて、
花を束ねることを手でしっかり覚えましょう。

フレンチスタイルブーケの基本 1

ブーケ・ロン
Bouquet rond

丸く束ねるブーケ

ブーケ・ロンはフランス語で「丸い花束」という意味。
日本語ではラウンドブーケと呼ばれる
もっとも一般的なブーケのスタイルです。
花材の茎を螺旋状に組むスパイラル（→P.17）
というテクニックで束ね、半球形に仕上げます。
形もテクニックもブーケ作りの基本となるものです。
まずはバラをシンプルに束ねて、
ラウンド形を作る方法を覚えましょう。

> 花材

ブーケを作る際には花材選びが重要になります。メインの花材を決めたら、全体のアクセントにしたり面白みを加える副花材を選び、さらにブーケのボリュームを出し、花と花の間を埋めてクッションにするための葉物や枝物などのグリーンを揃えます。ブーケの手元に入れて茎を保護する役目の葉物も必要となります。

- Ⓐ バラ"リメンブランス" …… 4本
- Ⓑ バラ"イヴシャンテマリー" …………………………… 4本
- Ⓒ バラ"ロワイヤル" …… 6本
- Ⓓ バラ"ブライダルピアノ" …………………………… 2本
- Ⓔ バラ"イヴピアッチェ" …… 5本
- Ⓕ ツインキャンドル …… 4本
- Ⓖ アストランチア …… 4本
- Ⓗ スペアミント …… 3本
- Ⓘ 紅葉シンフォリカルポス …………………………… 1本
- Ⓙ ハーブゼラニウム …… 2本
- Ⓚ ローズゼラニウム …… 2本
- Ⓛ アップルミント …… 3本
- Ⓜ アフリカンブルーバジル …………………………… 2本
- Ⓝ レモンリーフ …… 10本

> 花材選びのポイント

- ○ メインの花にはバラを選択。ピンクを5種類用意してグラデーションに変化をつける。
- ○ バラとは形が異なり色みの合うツインキャンドルとアストランチアで面白みを加える。
- ○ アクセントにはアフリカンブルーバジルを。
- ○ クッションのグリーンにはゼラニウムとミント、紅葉シンフォリカルポスを揃える。
- ○ 茎を保護するための葉物には平らな面を持ち、丈夫で持ちのよいレモンリーフを使用。

> 下準備　花を揃えたら、最初に行うのが下葉の処理です。基本的にブーケを束ねる支点より下の部分、
つまり、花を束ねる際に握る手の下にくる葉はすべて取り除きます。
ここは花器に生けたときに水に浸かる部分になり、葉が水に浸かると腐りやすく、水が濁り、
花の持ちも悪くなるからです。葉を残す目安は、作りたいブーケの高さの上2／3程度と考えます。

Avant（下処理前）　　　　　　　　Après（下処理後）

【バラ】
❶ ブーケの大きさと必要な茎の長さを決めたら、ブーケを握る手の下にくる葉はすべて取り除く。葉の根元を持ち、下向きに折り曲げる。
❷❸ トゲを除く。トゲがあると他の花材を傷めるほか、束ねる際の邪魔にもなる。ハサミでカットするか、ナイフを茎の上にスライドさせて取り除く。

【紅葉シンフォリカルポス】
❶ 1本を枝分けして花と花の間を埋めるためのクッションとして使用。ブーケを組むのに充分な長さ（20cm以上）になるように枝を手で取り分ける。
❷ ①の枝はすべて、生けたときに水に浸かる部分、ブーケを握る手の下にくる葉は手でしごいて取り除く。

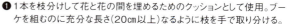
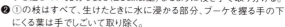

【ハーブゼラニウム】
生けたときに水に浸かる部分の葉は手で取り除く。ブーケを組むのに充分な長さがあれば除いた葉も利用。残りの葉の中で束ねる際に邪魔になるものは取り分けて使用する。

【アストランチア】
ブーケを握る手の下にくる葉はすべて手で取り除く。作りたいブーケの形や大きさによって、必要ならば枝分かれしている茎も取り分けて使用する。

【スペアミント】
枝分かれしている場合は分かれている茎を手で取り除き、生けたときに水に浸かる部分の葉は手でしごいて取り除く。

ブーケ・ロン/Bouquet rond

Avant

Après

【ローズゼラニウム】
❶ 生けたときに水に浸かる部分、ブーケを握る手の下にくる葉は手で取り除く。
❷ 葉をまとめて持ち、下に向かって引っ張るようにして除く。上に残した葉で束ねるときに邪魔になりそうなものは取り分けて利用する。

【レモンリーフ】
❶ 生けたときに水に浸かる部分、ブーケを握る手の下にくる葉は手で取り除く。余分な葉をまとめて手で持つ。
❷ 葉をまとめて下に向かって引っ張るようにして除く。必要な場合は枝分かれしている部分の葉も取り分けて利用する。

【ツインキャンドル】
生けたときに水に浸かる部分、ブーケを握る手の下にくる葉は手で取り除く。葉の根元を持ち、下に向かって引っ張るようにして除く。

【アップルミント】
生けたときに水に浸かる部分、ブーケを握る手の下にくる葉は手でしごいて取り除く。

【アフリカンブルーバジル】
生けたときに水に浸かる部分、ブーケを握る手の下にくる葉は手で取り除く。

> 作り方　準備をした花材をスパイラル（→P.17）のテクニックで、一般的にラウンド形と呼ばれる半球形に束ねます。
最初に中心となる花を選び、全体にまんべんなく花が散らばるよう、
花と花との間にクッションとなるグリーンを挟みながら組んでいきます。最後に茎を保護するための葉物を入れ、
紐で縛ってブーケを固定してから茎をカットするという流れです。

1. 花とグリーンを束ねる

❶ メインの花のバラの中で、もっとも茎が真っすぐで花が上を向いたものを1本目として指先で持つ。右利きの場合は左手で。持つ位置に作りたいブーケの高さに合わせる。

❷ ブーケの高さはこの場合は手の平ひとつ分（約20cm）。2本目にスペアミントを添える。高さはバラと同じ位置に。斜めに添えて茎を交差させる。持つ指の位置は変えない。

❸ 茎はいつも同じ方向に、右回りの螺旋を描くように斜めに入れる。茎を持つ位置は変えずに行う。この茎を持った部分がブーケの支点となる。

❹ 紅葉シンフォリカルポスを入れる。花を束ねる際には茎と茎の間に隙間ができる。そこを埋めて花を安定させるためのクッションとしてグリーンを入れる。

❺ グリーンはブーケにボリュームを出し、花を保護する役割も持つ。同じグリーンが並ぶと単調な印象になるので、種類を変える。

❻ ここからは指先では持ちにくくなるので、手の中で茎を軽く握るようにしながら花材を加えていく。手を持ち替えるときは、茎が交差しているブーケの支点を右手で持つ。

❼ 右手を離す。

❽ 左手で握り直す。ここからはブーケを回しながら花材を足す。回すときは⑥〜⑧と同じ要領。右手で持ったブーケをスナップをきかせるように右回りに回転させ左手で握り直す。

❾ ブーケを握るときは親指と人差し指の2本で支えるようにし、残りの3本の指は常に動かせるようにしておく。

ブーケ・ロン／Bouquet rond

⑩ 先に入れたグリーンをクッションにして、2本目のバラを入れる。左手の中指から小指でブーケを持って親指と人差し指を開き、親指の上に茎の中ほどを添わせるようにして入れる。

⑪ ブーケを回し、紅葉シンフォリカルポスに添えてツインキャンドルを入れる。同じ花が隣り合わないようにするため、バラよりも小さいアクセントとなる花を入れる。

⑫ 花を入れたら次には必ずクッションとなるグリーンを入れる。花とグリーンを交互に配置しながら、同じ花が隣り合わないようミックスにしながら1本ずつ花材を足していく。

⑬ 常にブーケの重心が手の真ん中にきていることを確認。重心がずれてきたら、ブーケを回して中心に戻す。右手にブーケを持ち替えて左手を離す。

⑭ 右手をスナップをきかせるように右回りに回転させ、左手で握り直す。

⑮ さらに花材を足していく。花がまんべんなく全体に散らばるように、順番に入れていく。ミント、シンフォリカルポス、ゼラニウムのグリーンも同じ種類が続かないようにする。

⑯ 花を入れるときは、支点からの花の先までの長さが、常にブーケの高さと同じになるように入れる。こうすることで、半球形に仕上げることができる。

⑰ さらに花材を足す。束ねるときは、常に上や横から形を見て、丸く仕上がっているかを確認。バラを全体に均等に入れるように意識すると、花がまんべんなく散らばった印象になる。

⑱ レモンリーフ以外の花材がすべて入った状態。花がついたアフリカンブルーバジルは、花が飛び出すように入れてブーケに変化と面白みを出す。

2. レモンリーフを入れる

茎の様子。きれいなスパイラルに束ねられた状態。束ねながら、スパイラルの線の重なりが乱れていないかをときどき確認する。

束ねた花を固定し、柔らかい茎やグリーンを保護するためにレモンリーフを入れる。ブーケを握っている手のすぐ上に、ぐるっと1周させるように配置する。

レモンリーフを入れた状態。こうすると持ったときやラッピングしたときに手やペーパーが花にあたって傷つくことを防げる。また持ちやすくもなる。

3. ブーケを縛る

上から見た様子。葉に適度なかたさがあり、丈夫で持ちのよいレモンリーフは最後に入れる葉として使いやすい花材。

麻紐でブーケを縛る。位置は茎が重なりもっとも細くなったブーケの支点の部分。紐の端5cm程度をブーケを握っている手の親指で押さえながら巻いていく。

手前の紐をぐっと引きながら、ブーケを握っている手の上を通すようにして紐を回す。緩いと茎がバラけてしまうので、締めること。紐を回しながら4〜5回程度巻き付ける。

4. 茎をカットする

4〜5回巻いたら親指を緩め、紐の両端を取って固結びにする。その際、慣れないとブーケを持ったままでは難しいので、テーブルの上に置いて行う。

紐で絞った状態。紐で縛るときは茎の間に隙間ができないようにしっかり締めるが、同時に茎を傷めたり折ったりしないように力加減に注意。

余分な茎をカットする。茎の長さは、結び目を起点としてブーケ全体の高さの1/2程度が目安。

ブーケ・ロン／Bouquet rond

花の水揚げをよくするために、茎の先端は斜めにカットする。切り口の面積を広げることで水をしっかり吸うようになる。

ブーケ・ロンの完成。横から見ると、こんもりとした半円形になっている。

上から見て丸く見えるように束ねることが、ブーケ・ロンの鉄則。

ポイント
○ スパイラルのテクニックと、花を丸く束ねることの基本を覚える。
花とクッションのグリーンを交互に入れながら、花が全体にまんべんなく散らばるようにする。
ブーケの重心が手の真ん中にきてくることをいつも確認し、ブーケを回しながら組む。
○ ブーケを作りながら常に上や横から形を見て、丸く仕上がっているかを確認する。

花を束ねるテクニック "スパイラル"

スパイラルは、英語で「螺旋」を意味します。ブーケ作りでのスパイラルとは、茎を斜めに重ねて、螺旋を描くように束ねるテクニックのことです。ほとんどの花束は、このスパイラルで作られます。少ない本数でもふんわりと大きく束ねることができ、逆に本数が多くてもゴチャゴチャすることがないというメリットがあります。
花材の茎が規則正しく螺旋状にしっかりかみ合っていると余分な隙間ができないため、束ねたあとも形を保つことができ、茎を置くだけで自立します。

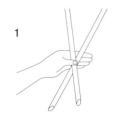
1
1本目を親指と人差し指、中指を使って軽く持つ。右利きの場合は左手に。2本目を茎が手前にくるように斜めに置き、左手の親指で支える。

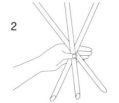
2
3本目を、右回りの螺旋を描くように斜めに重ねて入れる。茎が交差する点が上下にずれないように注意。

3
ブーケの中心となる花を軸にしながら手で持ち替えるようにしてブーケを回し、茎を斜めにしながら花を入れていく。

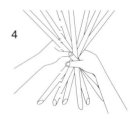
4
花を加える方向はいつも同じで。斜めにする角度は本数が少ないうちは垂直に近く、本数が増えるにしたがって広げていく。

フレンチスタイルブーケの基本 2
ブーケ・モザイク
Bouquet mosaïque

色を塊で見せるブーケ

花を色ごとにまとめて配置し、色と質感の違いによって
モザイク模様を作るブーケです。
そのためにはグルーピング*というテクニックが必要となります。
高低差はつけずに高さを揃えて花を入れ、
上から見たときはきれいな円形に、横からは半円形になるように組みます。
全体をかちっと丸い形に仕上げることで、
モザイク模様を効果的に見せることができます。

> 花材

- Ⓐ バラ"ピンクイヴピアッチェ" …… 6本
- Ⓑ バラ"イヴパッション" …… 6本
- Ⓒ ラナンキュラス …… 9本
- Ⓓ スプレーバラ
  "M-マリーアントワネット" …… 3本
- Ⓔ バラ"ディープウォーター" …… 5本
- Ⓕ スカビオサ …… 10本
- Ⓖ アストランチア …… 4本
- Ⓗ ハーブゼラニウム …… 3本
- Ⓘ スペアミント …… 10本
- Ⓙ アジサイ …… 1本
- Ⓚ レモンリーフ …… 10本

> 花材選びの
  ポイント

○ モザイク模様を効果的に見せるため、花はほぼバラのみで。形や質感が異なるピンクのグラデーションで揃える。
○ 丸いバラのみを束ねると隙間ができるので、間を埋めるための材料としてスカビオサとアストランチアを。雰囲気と変化を出すためにアジサイもプラス。

※グルーピング：花材を色や種類ごとにまとめ、塊にして配置すること。それぞれの花材の質感や色を強調して見せることができる。

> 下準備

すべての花材はP.12-13を参照し、ブーケを握る手の下にくる葉を取り除く。アジサイも茎に付いている葉を除く。

> 作り方

1. 花とグリーンを束ねる

❶ 束ねるテクニックはスパイラル（→P.17）。茎がもっとも真っすぐなバラを3本、螺旋を描くように茎を斜めに重ねて指で持つ。濃いバラだと中心ばかりが目立ち過ぎるので、淡い色で。

❷ ハーブゼラニウムを2本まとめて入れる。色の塊を見せるブーケなので、クッションのグリーンも塊にして入れる。ここからは手で茎を軽く握りながら束ねる。

❸ ブーケを持ち替えて180°回し、反対側にスペアミントも2本程度まとめて入れる。

❹ ③のミントをクッションにし、ラナンキュラスを3本まとめて入れる。色を塊で見せるため、花材は常に数本まとめ、グルーピング（→P.19）で配置していく。

❺ ハーブゼラニウムを入れ、これをクッションにしてバラ"イヴパッション"を2本入れる。花を加えるたびにブーケを回しながら組んでいく。

❻ ハーブゼラニウムを入れ、アジサイを入れる。花の高さを揃え、横から見たときにきれいな半円の輪郭を作ることをイメージしながら花を足していく。

❼ アジサイの間にアストランチアを数本入れ、ブーケを回して反対側にバラ"ディープウォーター"を入れ、ハーブゼラニウムを挟み、スカビオサを入れる。

❽ スペアミントを入れ、スプレーバラ"マリーアントワネット"を入れる。花を入れる前には必ずミントやゼラニウムなどのグリーンをクッションとして挟む。

❾ 花が全種類入った状態。花の色と質感の違いでモザイク模様を作ることを意識しながら、さらに花材をバランスよく加えていく。

ブーケ・モザイク/Bouquet mosaïque

2. レモンリーフを入れる

❿ 上から見たときに丸い円になっていることを確認しながら花材を足す。レモンリーフ以外の花材がすべて入った。スカビオサが三角形を描く位置に配置されていることに注目。

⓫ スパイラルに束ねた茎の様子。

⓬ 茎を保護し、ブーケを持ちやすくするためにレモンリーフを入れる。

⓭ ブーケを握っている手のすぐ上に、ぐるっと1周させるように入れる。

⓮ 全体から見てきれいな半球形になるように形を整える。花が中に沈んでいたら、花を持って上から引っぱり上げるようにする。

⓯ ブーケの外側に入れた花材は、裏から茎を持ちながら高さを調節。茎を持っている手を少し緩めれば調整は可能。

3. 茎を縛りカットする

⓰ ブーケの完成。中心から奥と手前に向かって、それぞれ半径にバラが3本並ぶとだいたい円の形になる。

⓱ 横から見た様子。花の高さがすべて揃い、きれいな半円形になっていることがわかる。

⓲ 茎が重なり、もっとも細くなったブーケの支点を麻紐で縛る。紐の先端をブーケを握っている手で押さえながら、手の上を通すようにして4〜5周巻き付けて結びカットする。

⓳ 茎をカットする。長さの目安はブーケ全体の高さに対し、茎の長さが1/2になる程度。先端は水を吸いやすいよう斜めに切る。

⓴ 完成。

ポイント

○ 花の色と質感の塊でモザイク模様を作るため、花はグルーピングで配置。高さを揃え、横から見たときにきれいな半円形になるように束ねる。

○ スカビオサとアストランチアは、それぞれ離れた場所に3カ所に分けて配置するようにすると入れやすい。

フレンチスタイルブーケの基本 3

ブーケ・ストリクチュエ
Bouquet structure

| 高低差をつけ奥行きと立体感を出す

P.18のブーケ・モザイクのように色を塊で見せて半円形に束ねながらも、その中で高低差をつけるブーケです。
花材はグルーピング（→P.19）で入れていきますが、グループ内は同じ高さに揃え、グループ同士で少し高低差がつくように配置します。
こうすることでブーケに立体感が出て、さらに奥行きを出すことができます。

> 花材

Ⓐ ダリア"ミッチャン" ………… 2本
Ⓑ バラ"イヴピアッチェ" …… 9本
Ⓒ ダリア"サフラン" …………… 2本
Ⓓ バラ"モーニングデュー"
　　…………………………… 4本
Ⓔ バラ"ファンシードレス" … 6本
Ⓕ バラ"サナー" ……………… 5本
Ⓖ アストランチア …………… 3本
Ⓗ 紅葉ヒペリカム …………… 1本
Ⓘ エリンジウム ……………… 4本
Ⓙ ハーブゼラニウム ………… 3本
Ⓚ レモンリーフ ……………… 6本

> 花材選びの
　ポイント

○ 花の色を塊で見せるブーケなので、似た色の中で形の異なる花を集める。
○ クッションにする葉物には、花の色に合わせた紅葉ヒペリカムも入れる。
○ エリンジウムは凹凸を強調するために使用。

> 下準備

Avant

Après

【紅葉ヒペリカム】
❶ 枝分かれしている部分を手で分ける。ブーケに入れるときに使いやすいよう、1本が20cm以上の長さになるように切り分ける。
❷ 作りたいブーケの高さに合わせ、それより下にある葉は束ねる際に邪魔になるので取り除く。高さを手の平ひとつ分程度とし、だいたいの目安をつける。
❸ ブーケを握る手より下の葉を、手でこそぎ取る。

【その他】
残りの花材はP.12-13を参照し、ブーケを握る手より下の葉は取り除く。ハーブゼラニウムは必要に応じて枝分かれしている部分でさらに切り分け、使用する。

> 作り方

1. 花とグリーンを束ねる

茎が真っすぐなバラ"サナー"2本を螺旋を描くように指で持つ。紅葉ヒペリカムを3本バラより低い位置に入れる。中心なのでクッションの葉物も花の色に合わせ一体感を。

ブーケを回し、ハーブゼラニウムをバラより低い位置に入れる。ここからは手で茎を軽く握りながら組んでいく。

バラ"ファンシードレス"を、②のハーブゼラニウムをクッションにして入れる。このときに最初のバラよりも少し低い位置に入れ、高低差をつける。

ブーケ・ストリクチュエ／Bouquet structuré

ブーケを回し、アストランチアを数本まとめて入れる。アストランチアも間を埋める花材としての役割を持つ。

ダリア"ミッチャン"を、少し上を向くようにして最初に入れたバラ"サナー"より低い位置、③のバラと同じ高さに入れる。クッションの紅葉ヒペリカムを入れる。

バラ"イヴピアッチェ"を数本まとめて入れる。中心のバラ"サナー"と同じ高さに。花はクッションとなる材料を挟みながらグルーピングで入れ、1種類入れたらブーケを回す。

ハーブゼラニウムを入れ、ブーケを回してダリア"サフラン"を、③のバラ、⑤のダリアと同じ高さに入れる。

間に紅葉ヒペリカムとハーブゼラニウムを挟みながら、色のバランスを見ながら残りの花を入れる。グループ内の花の高さは常に揃え、グループ間で高低差をつける。

レモンリーフ以外の花材がすべて入った状態。上から見てきれいな円形に組むことで、色の塊を効果的に見せることができる。

2. レモンリーフを入れる

横から見ると輪郭が半円を描いている。高い位置、低い位置に入れたグループは、それぞれグループ同士で高さが揃うようにしているため、このように見せることができる。

束ねている際に茎と茎の間が詰まってきたら、指で空間を広げるようにして形を整える。

3. 茎を縛りカットする

茎を保護してブーケを持ちやすくするために、レモンリーフをブーケを握っている手のすぐ上に、ぐるっと1周させるように入れる。

ブーケの完成。エリンジウムは凹凸を効果的に見せるためと、ブーケに変化を出すための花材。ブーケの外側に数カ所に分けて配置すると入れやすい。

茎がもっとも細くなった部分、ブーケの支点を麻紐で縛る。茎をカット。目安はブーケ全体の高さに対し茎の長さが1／2になる程度。先端は水を吸いやすいよう斜めに切る。

ポイント

○ 花を配置する際、グループの中での高さは同じにし、グループ間で高低差をつける。その際、形の面白い目立つ花は低く、少し控えめな花は高く入れることで両方に目がいくようになり、さらに奥行きと立体感を効果的に見せることができる。

025

フレンチスタイルブーケの基本 4

ブーケ・デコラティフ
Bouquet décoratif

奥行きを意識して装飾的に

P.22のブーケ・ストリクチュエよりも
さらに奥行きと立体感を出したブーケです。
さまざまな形の花材を合わせながら色を塊で見せ、
花の形で凹凸を出し緩やかな半円形に組みます。
花の色をきれいに見せることができ、また印象も華やかになるため、
使われることの多いスタイルです。
植物の自然な表情や動きを見せて束ねます。

> 花材

- Ⓐ ラナンキュラス"コルテ" …………………… 4本
- Ⓑ ラナンキュラス "フリアンダイン" ……… 4本
- Ⓒ ラナンキュラス"ジュリアン" …………………… 4本
- Ⓓ ヒヤシンス ……………… 4本
- Ⓔ アストランチア ………… 5本
- Ⓕ ツインキャンドル ……… 5本
- Ⓖ パンジー ………………… 10本
- Ⓗ マメの花 ………………… 5本
- Ⓘ ガマズミ ………………… 1本
- Ⓙ チョコレートワッフル ゼラニウム ……………… 3本
- Ⓚ レモンリーフ …………… 6本

> 花材選びの ポイント

○ 花の色と形、動きで装飾的に見せるブーケのため、春や秋の花材が適している。ここではさまざまな春の花を集めて変化をつける。

○ ブーケに動きと奥行きを出す花材としてマメの花を選択。

> 下準備

Avant　　Après

パンジーとマメの花はブーケを握る手の下にくる葉と、上についている大きめの葉は束ねる際に邪魔になるので取り除く。マメの花は、下のほうの枝分かれしている部分の花は残す。ヒヤシンスは葉と根の部分を除く。

ガマズミはブーケの大きさに合わせて20〜30cm程度の長さに切り分ける。花と花の間に入れるクッションとして使用。その他の花材とともに、P.12-13を参照し、ブーケを握る手の下にくる葉は取り除く。

> 作り方

1. 花とグリーンを束ねる

❶

束ねるテクニックはスパイラル（→P.17）。ラナンキュラスを2本、螺旋を描くように茎を斜めに重ねて指で持つ。花は色を塊で見せるためにグルーピング（→P.19）で入れる。

❷　　❸　　❹

チョコレートワッフルゼラニウムとガマズミを添えて花を押さえる。高さはラナンキュラスと同じ位置。春の花は茎が柔らかいので、組む際に強く握りすぎて潰さないようにすること。

ブーケを回してパンジーを入れる。茎が真っすぐで花首が詰まりやすいため、ラナンキュラスより少し高い位置に入れて花を見せる。チョコレートワッフルゼラニウムを入れて茎を支える。

間にゼラニウムとガマズミを挟みながら、ツインキャンドル、ヒヤシンス、アストランチアを入れる。マメの花は飛び出すように入れる。花が全種類入った状態。

ブーケ・デコラティフ/Bouquet décoratif

❺ さらにブーケを回しながら、色のバランスを考えて花材を足していく。色を塊で見せたいので、ラナンキュラスは必ず2本ずつグルーピングで入れる。

❻ パンジーも色の塊を意識して入れる。花を入れるときは間には必ずグリーンを挟む。マメの花を外に振り出す位置にも入れて、蔓の動きを見せながら高低差と奥行きを出す。

❼ さらに花材を足していく。同じ色や種類の花が隣同士に並ばないように、違う花がくるようにして変化をつける。ガマズミは高低差をつけて入れる。

❽ マメの花を加えるときは、花がついて枝分かれした部分は手で切り離し、そこだけ違う場所に入れるなどして変化をつける。

❾ レモンリーフ以外の花材がすべて入った状態。花の形によってブーケ全体に立体感が出て、奥行きも感じられるようになっている。

❿ 上から見た様子。同じ種類や色の花が隣り合うと全体がごちゃごちゃした印象になるため、避ける。

2. レモンリーフを入れて茎を縛る

3. 茎をカットする

⓫ ブーケを握った手のすぐ上に、レモンリーフをぐるっと1周させるように入れる。茎を押さえると同時に柔らかい茎を保護する役目。麻紐を4〜5周巻いて茎を縛る。

⓬ 茎を縛った状態。茎が柔らかい花材が多いので、縛るときに力を入れて締めすぎて茎を潰さないように注意。幅を広くして縛ることで、固定しやすくなる。

⓭ 余分な茎をハサミでカットする。目安はブーケ全体の高さに対し茎の長さが1／2になる程度。

⓮ 完成。

○ ポイント

○ 茎の柔らかい花材が多いので、間にゼラニウムやガマズミを入れて支えるようにしながら束ねる。

○ 色を塊で見せるために花はグルーピングで入れ、花が美しく見える位置を確認しながら高低差をつけ、緩やかな半円形になるように束ねる。

Chapitre

2

さまざまな
フレンチスタイルブーケ
定番と応用

Chapitre 1で花の束ね方の基本をマスターしたら、
あとは使用する花材のバリエーションを広げたり、
ブーケの大きさを変えるなどして、
さまざまなフレンチスタイルに挑戦してみましょう。
ここでご紹介するブーケのほとんどが、フレンチスタイルの定番です。
これらがマスターできれば、
フレンチスタイルについての理解を深めることができます。
重要なことは、花一つひとつの色や形、咲き方などをよく見て、
もっとも美しく見える空間や位置を意識しながら束ねることです。

ブーケ・シャンペートル
Bouquet champêtre

田園風に束ねるブーケ

シャンペートルはフランス語で「田園風」という意味。
野原を散歩しならが集めた花を束ねるイメージで制作します。
花と緑あふれる田園の雰囲気を見せるため、花材をたっぷりと使い、
ある程度の大きさを出すことがこのブーケの特徴。
テクニックはブーケ・デコラティフ(→P.26)と同じで高低差をつけ、
ゆったりとしたラウンド形に仕上げます。

> 花材

- Ⓐ パンジー ……………… 10本
- Ⓑ スイートピー ………… 6本
- Ⓒ ツインキャンドル …… 8本
- Ⓓ セリンセ ……………… 6本
- Ⓔ マーガレット ………… 6本
- Ⓕ ワスレナグサ ………… 8本
- Ⓖ マトリカリア ………… 6本
- Ⓗ バイモユリ …………… 6本
- Ⓘ クリスマスローズ …… 8本
- Ⓙ ライラック …………… 3本
- Ⓚ スカビオサ …………… 4本
- Ⓛ アストランチア ……… 4本
- Ⓜ シレネ"グリーンベル" 4本
- Ⓝ ミモザ ………………… 1本
- Ⓞ ラケナリア …………… 3本
- Ⓟ フリチラリア ………… 4本
- Ⓠ マメの花 ……………… 5本
- Ⓡ タバリアファン ……… 8本
- Ⓢ レモンリーフ ………… 6本
- Ⓣ タマシダ ……………… 10本
- Ⓤ クロメヤナギ ………… 2本
- Ⓥ ナズナ ………………… 4本
- Ⓦ スモークグラス ……… 6本
- Ⓧ ウコン（枝） ………… 2本

> 花材選びの
ポイント

○ 花が小さめで、野に咲く花のイメージを持つ材料を集める。多少傷んだものが混じっていても、それが自然から摘んできた雰囲気を作り出すので構わない。
○ 色みは紫と黄色を中心にグリーンを合わせ、田園風景を表現。

> 下準備

すべての花材の、ブーケを握る手の下にくる葉や小枝は除く（→P.12-13）。大きなブーケになるので高さが出ること考え、握る部分はP.10〜29の基本のブーケより下にくることを考えて行う。

> 作り方

❶ 束ねるテクニックはスパイラル（→P.17）。背の高いツインキャンドル、ナズナ、ウコンの枝を持ち、ブーケの中心にする。

❷ クリスマスローズを手に触れるギリギリの位置に入れる。背が低く目立つ花は低く配置し、周囲に背が高いもの入れて凹凸を作り奥行きを出す。こうすると低い花の存在も引き立つ。

❸ 間にグリーンをクッションとして配置しながらスイートピーを高い位置に入れ、ライラックをクリスマスローズと同じ高さに入れる。

❹ ブーケを回しながらさらに花材を足していく。花は同じ種類がかたまらないよう1種類ずつ順番に入れてミックスにし、自然的な印象に。このあたりでマメの花を入れる。

❺ 花とグリーンを交互に入れながら、さらに花材を足していく。濃い紫が1カ所にかたまらないよう、色のバランスを見ながら加える。

❻ この段階で中心に近い部分に、2本のクロメヤナギのうち1本を入れる。さらに花材を足していき、ワスレナグサを入れる。ブルーが全体のアクセントになる。

ブーケ・シャンペートル／Bouquet champêtre

❼ 上から見た状態。紫色の濃淡がバランスよく全体に散っていることがわかる。

❽ さらに花材を足していく。ラウンド形のブーケなので、背の高い花と低い花がそれぞれ同じ高さで半円形の輪郭を描くことを意識しながら花を入れる。

❾ ウコンの枝やマメの花は、半円から飛び出すように入れて動きを出す。

❿ さらに花材を足していく。高低差をつけ、常に花がきれいに見える空間を作ることを意識しながら束ねる。

⓫ クロメネコヤナギを外に振り出す位置に入れる。1本は中心に入れたので、もう1本は離れた位置に。

⓬ さらに花材を足していく。横から見たときにブーケの底辺が180°以上に広がるように残りの花材を入れてボリュームを出す。

⓭ ミモザは外側にも入れてブーケに広がりを出すと同時に、その垂れる姿が楽しめるようにする。

⓮ レモンリーフ以外の花材が全部入った状態。

⓯ レモンリーフを、ブーケを握っている手のすぐ上に入れる。ぐるっと1周させる必要はなく、柔らかい茎の上や、茎が動いてしまいそうなところにのみ入れて茎を保護する。

⓰ 麻紐で縛り、茎をカットして完成。茎の長さの目安は、結び目を起点として、ブーケの高さと茎の長さが1:1の比率になる程度。

ポイント

○ 花はミックスにしながら高低差をつけ、1輪1輪がきれいに見えるように空間を作りながら配置し、ふんわりとした印象に束ねる。
○ ラウンドのブーケだが、蔓性の花材や枝などは半円の外に飛び出すように入れて、自然な雰囲気を出す。

035

ブーケ・ボット
Bouquet botte

束にまとめるブーケ

ボットはフランス語で「束」という意味。
茎を並行に揃えて束にまとめるブーケです。
作りやすく、フローラルフォームを使わずに
オブジェのように飾ることもでき、
ディスプレーやテーブル装花などにも向くスタイルです。
モダンな雰囲気になることも特徴。
真っすぐな茎をデザインとして見せるため、
合わせる花材の色や質感で変化をつけます。

> 花材

- Ⓐ トクサ……………… 20本
- Ⓑ カラー"ピカソ"……… 7本
- Ⓒ アストランチア……… 4本
- Ⓓ オカメヅタ…………… 2本
- Ⓔ アイビー（大）……… 2本
  アイビー（小）……… 3本
- Ⓕ イタドリ（茎・40cm長さ）
  ……………………… 5本

> 花材選びの
  ポイント

○ 茎を並行に揃えて束ねるため、茎が真っすぐなものを揃える。他にはフトイやアマリリスなども向く花材。

○ 色みはカラーの紫に合わせ、緑の茎の中にイタドリやアイビーの茶色を加えてモダンシックな雰囲気に。白いカラーを使うならグリーンのみでもきれい。

> 下準備

トクサは手でイタドリの長さに合わせて折る。節の部分から折る。カラーも板の上などでイタドリの長さに合わせ、花と茎だけの部分に切り分ける。
その他、アストランチアは余分な葉を手で除く（→P.12）。

> 作り方

❶ トクサは全部まとめて持ち、輪ゴムで中央部分と足元の2カ所を縛る。板の上に立てて置き、トントンと叩いて下を平らに揃える。

❷ 板の上に横に置き、間にイタドリを入れる。茎を上から下まで見せるため、イタドリの色と質感がデザインとして効果的に見える場所を考えて入れる。

❸ 板の上に立てて置き、トントンと叩いて下を平らに揃える。

❹ カラーの茎を、全体の色のバランスを見て間に入れる。板の上に立てて置き、トントンと叩いて下を平らに揃える。

❺ カラーの花を入れる。1本は中央に、残りは周囲にバランスよく配置する。頭は揃えることを意識しながら、わずかに高低差をつけるようにする。

❻ 下のはみ出したカラーの茎をナイフでカットし、揃える。

ブーケ・ボット/Bouquet botte

アストランチアを高低差をつけながら、茎が外から見えないようブーケの中に全体にまんべんなく入れる。茎が硬くてしなやかなため入れやすい。輪ゴムの上を麻紐で縛る。

下の輪ゴムの上も麻紐で縛る。茎がバラけないように幅をつけてしっかり固定する。

葉の大きいアイビー2本のうち1本を下の麻紐の間に挿す。

螺旋状に上に向かって巻き付ける。

1本目と反対側にもう1本のアイビーを挿す。

同様に螺旋状に巻き、1本目と一緒に茎の間に通しながら固定する。

アイビーを巻き付けた状態。茎のラインを隠す余分な葉はハサミでカットする。

葉の小さいアイビーを下の麻紐の間に挿し、同様に上に向かって螺旋状に巻き、茎の間に通して固定する。細かい葉を入れることで表情と動きを出す。

麻紐の下の輪ゴムを上下ともにカットする。

ブーケ・ボットの完成。

横から見た様子。

ポイント

○ 茎を見せて飾るデザインなので単調にならないよう、トクサの間にバランスよくイタドリとカラーの茎を入れて変化をつける。

○ カラーとアストランチアはわずかに高低差がつくように配置し、奥行きを出す。

ブーケ・ボット・マリエ
Bouquet botte de la mariée

ナチュラルステムの
ウェディングブーケ

茎を並行に揃えて束ねながらラウンド形に仕上げます。
スパイラル（→P.17）のように花をたくさん入れることはできませんが、
スパイラルで束ねたものよりも頑丈に仕上がるので、
花嫁のトス用のブーケにも適しています。

> 花材

- Ⓐ バラ"ルールマジク" ……… 7本
- Ⓑ バラ"オッポセンター"
  …………………………… 8本
- Ⓒ ラナンキュラス ………… 10本
- Ⓓ アストランチア ………… 5本
- Ⓔ ラケナリア ……………… 7本
- Ⓕ ハーブゼラニウム ……… 3本
- Ⓖ ダスティーミラー ……… 5本
- Ⓗ ゲーラックス …………… 10枚
- Ⓘ スペアミント …………… 5本
- Ⓙ オレガノ・ディクタムナス
  …………………………… 5本

> 花材選びの
  ポイント

○ 茎を揃えながら半円形に仕上げるため、茎が直っすぐかつ柔らかいものを選ぶ。
○ 色みはスモーキーピンクからパープルのグラデーションで優しい雰囲気にまとめる。

> 下準備

左／茎を並行に揃えて小さく作るブーケなので、葉がついたままだと束ねる際に邪魔になる。バラ、ラナンキュラス、アストランチアの葉はすべて除く。特にバラはトゲもきれいに除く。
右／その他の花とグリーンも束ねやすい長さに切り分けたら、バラの花より下にくる花と葉は除く。

> 作り方

❶ もっとも茎が真っすぐなバラと、アストランチア、スペアミントを茎を揃えてまとめて持ち、ブーケの中心にする。

❷ ラケナリアを茎を並行に揃えて添える。茎がしなやかだが折れやすいラケナリアは、ブーケの中心に近い部分に最初に入れる。

❸ あいだにミントやゼラニウムなどクッションとなるグリーンを挟みながらバラを2本入れる。

❹ ダスティーミラーを入れる。茎を並行に揃えて入れていくので次第に茎が曲がってくる。花を入れるときは必ず間にクッションとなるグリーンを入れる。

❺ スパイラルと同じように、ブーケを回しながら花を入れていく。半円形に仕上げるので、高さを揃えることを意識して。

❻ 半分程度まで花材を入れた状態。

ブーケ・ボット・マリエ/Bouquet botte de la mariée

半円形を意識しながら花材を入れていく。束ねるうちに茎に圧力がかかって折れやすくなるので、茎の曲がった部分を握らないように注意する。

花を入れるときは斜めにしながら茎にあてる。

横に振って茎に並行に添わせる。

花と、ゲーラックス以外のグリーンがすべて入った状態。横から見ると半円形になっているのがわかる。さらに花を入れると茎が折れてくるのでこれが限界。

真上から見た状態。

ブーケを握っている手のすぐ上にゲーラックスを入れる。うろこ状に重ねながら配置して、茎を保護する。

ブーケの輪郭ぎりぎりの位置に葉をあて、2枚目は少し下にずらして重ねる。この要領でぐるっと一周する。

茎がすべて並行になるように揃えて持ち、麻紐で縛る。最初にゲーラックスのすぐ下をしっかり縛って動かないようにしてから、下の茎をまとめる。

茎を閉じて持ちやすい状態にするために、写真のように下にずらしながら紐を掛ける。

茎をカットする。カットした状態。

茎の長さは、手の平ひとつ分に指3本を合わせた長さがもっともバランスがよい。

ポイント

○ 花だけを真っすぐに束ねていくと次第に圧力がかかって折れてしまうので、茎と茎の間にクッション代わりとなるグリーンを挟みながら束ねる。
○ 半円形に仕上げることを意識しながら花を入れる。

ブーケ・リニア
Bouquet linéaire

線を生かすスタイル

リニアは「線状の」という意味。
日本のいけ花から着想を得て
生まれたスタイルで、垂直、水平、
曲線の3要素で構成されます。
ここでは垂直をカラー、
水平部分をハランなどの葉物で作り、
曲線はニューサイランで表現。
線をわかりやすく見せるため、
ブーケの中心はコンパクトながら
花でボリューム感を出して安定させ、
空間を生かします。

> 作り方

カラーは頭を揃えて7本をまとめて持ち、花の下を麻紐で縛る。ブーケのフォーカルポイントとなる部分に、ハーブゼラニウムをクッションにしてハランを2枚添える。

ブーケを回してタニワタリを添え、アジサイを入れる。スパイラル(→P.17)で組んでいくので、茎を斜めにして添える。葉物を丸めて入れるのは、ボリュームを出すため。

> 花材

- Ⓐ カラー"ウェディングマーチ" ……… 4本
- Ⓑ カラー"ピカソ" ……… 3本
- Ⓒ アジサイ ……… 1本
- Ⓓ バラ"マハ" ……… 8本
- Ⓔ タニワタリ ……… 3枚
- Ⓕ ニューサイラン ……… 2枚
- Ⓖ ハラン ……… 6枚
- Ⓗ ハーブゼラニウム ……… 2本
- Ⓘ レッドダッチェス ……… 2枚
- Ⓙ モンステラ ……… 2枚
- Ⓚ レモンリーフ ……… 5本

> 花材選びのポイント

○ 垂直を表現するために茎の真っすぐな材料を選ぶ。ストックやデルフィニウムなどでも。水平と曲線を見せるための葉物を揃える。枝物やチューリップも向く花材。
○ フォーカルポイント※の花は塊で見せるため、ボリューム感のあるものを選ぶ。

> 下準備

タニワタリとハランは丸めながら三角に形作る（→P.48）。バラ、ハーブゼラニウム、レモンリーフはブーケを握る手より下の葉は手で除く（→P.12-13）。バラはトゲも除く。

❸ さらにタニワタリとハーブゼラニウム、ハランを入れ、バラを4本入れる。

❹ バラの横にハランを入れ、反対側にニューサイランを入れる。

❺ 残りのバラとハラン、タニワタリを入れる。カラーの周囲にバランスよくボリュームが出るように配置。正面から見て右側にレッドダッチェスとモンステラを水平に入れる。

❻ ブーケを握っている手のすぐ上にレモンリーフを入れる。麻紐で縛って茎をカットする。ニューサイランをカーブさせて曲線を作り、先端をカラーの間に挟んで完成。

❼ 後ろから見た様子。

ポイント

○ 束ねたカラーを1本目の花と考え、スパイラルのテクニックで組む。
○ 線を見せるためのカラーを中心とし、その周囲にバランスよくボリュームが出るように葉物と花を配置する。

※フォーカルポイント：ブーケの中心部分のこと。「人の視線がもっとも集まる」という意味で、視覚上または構造上のフォーカル（焦点）を指す。

ブーケ・グラフィック
Bouquet graphique

造形的なスタイル

個性的な葉物を使い、その形と質感の違いを見せながら
モダンでグラフィカルに仕上げるブーケです。
葉物がメインのため持ちもよく、男性にも抵抗のないスタイルです。
葉物は三角形に巻いてパーツにしてから取り入れることで
造形的な面白さを表現。
さらに線の葉物を加えることで動きと奥行きを出し、
花と葉物の素材感をさらに引き立てます。

> 花材

- Ⓐ タニワタリ……………4枚
- Ⓑ モンステラ……………4枚
- Ⓒ ハラン…………………7枚
- Ⓓ ニューサイラン………5枚
- Ⓔ アジサイ………………1本
- Ⓕ バラ"マハ"……………16本
- Ⓖ アメリカイワナンテン……3本
- Ⓗ レモンリーフ…………10本

> 花材選びの ポイント

○ 形が造形的で、色や質感に個性のある葉物を中心に揃える。

○ 花は葉物のボリュームに負けないバラとアジサイを。葉物の色と質感を引き立てるため、色は白グリーンでモダンな印象にまとめる。アメリカイワナンテンでシャープな表情をプラス。

> 下準備

【タニワタリ】

❶ 束ねる際に邪魔になるので、握る手があたる部分の葉を除く。中央の葉脈に沿って両脇にナイフで切り目を入れる。
❷ 横にも切り目を入れ、葉脈の左右の葉を取り除く。
❸ 葉を除いた状態。
❹ 葉先を持ち、葉の根元から1／3程度のところから裏側に向かって巻くようにし、先端を手前に出し、三角形に整える。
❺ 葉の先端を巻いた葉の間に入れて折る。
❻ ホチキスで留める。このとき、表から針が見えないように葉の間にホチキスを入れる。

【ハラン】

❶ 葉の先端を上にして持ち、根元から1／3程度のところから裏側へ向かって巻くようにする。
❷ 先端を手前に出し、三角形に整える。
❸ 先端を巻いた葉の間に入れて折る。
❹ 表から針が見えないように、葉の間にホチキスを入れて留める。

ブーケ・グラフィック/Bouquet graphique

Avant　　　　　　　　　　　Après

【ニューサイラン】
❶ ブーケの中に入る部分は残し、そこから中央の葉脈に沿って爪で先端まで裂く。
❷ 葉脈の反対側にも沿って同様に爪で先端まで裂く。
❸ 葉脈を手で取り除く。根元はつながったまま2つに分かれた状態になる。

【バラ】
すべての葉を取り除き、トゲも除く(→P.12)。

【その他】
アメリカイワナンテンとレモンリーフは、握る手の下にくる葉はすべて除く(→P.12-13)。

049

> 作り方

① 束ねるテクニックはスパイラル(→P.17)。下準備をしたハランを2本指で持つ。

② アジサイを茎を斜めにして添える。ここがブーケの中心となる。

③ レモンリーフをクッションとして入れる。ここからは茎を手で軽く握りながら束ねていく。

④ ブーケを回し、タニワタリを入れる。位置はハランと同じ高さに。

⑤ モンステラを2枚、ずらして重ねて入れる。入れるときに奥を少し手前にカールさせ、葉の裏をタニワタリとモンステラに添わせるようにする。

⑥ 上から見た様子。

⑦ モンステラの上に半量のバラを入れる。カールさせたモンステラでバラを包むようなイメージで。バラを引き立てモンステラをきれいに見せると同時に、バラの保護にもなる。

⑧ バラと反対側の位置に、バランスを見ながらニューサイランを入れる。

⑨ ブーケを回してタニワタリを入れ、ニューサイランの隣にアメリカイワナンテンを入れる。動きを出すため、少し上に飛び出すように入れる。アジサイを入れる。

⑩ アジサイの隣にモンステラを入れる。このあとバラを入れて包むようにするため、葉を少しカールさせておく。

⑪ 残りのバラをすべて入れる。

⑫ タニワタリを入れ、バラとモンステラを軽く押さえる。

ブーケ・グラフィック/Bouquet graphique

さらにブーケを回しながら、残りのハラン、アメリカイワナンテンを全体を見ながらバランスよく入れる。

レモンリーフ以外の花材がすべて入った状態。

レモンリーフを、ブーケを握っている手のすぐ上に入れる。

数本ずつまとめて入れながらブーケの底辺を埋めて花材を保護する。

麻紐で縛り、茎をカットする。結び目を起点として茎の長さが花束の全体の高さの1/2程度になるように。

ニューサイランを結ぶ。2本に分かれた葉の片方を、別の場所にある葉の片方とで結ぶ。

2本の葉を交差させ、上の葉を下に通して上に持ってくる。

先端を裏側に回し、ループにした葉の間に通す。

葉を引っ張って結び目を作る。この作業をすべてのニューサイランで行う。ブーケの中央に結び目がきてブーケを隠さないようにする。

飛び出したニューサイランの先端は、一部を残し、結んだニューサイランの下に通して押さえる。ブーケの完成。

真横から見た状態。

ポイント

○ 葉物は巻いてパーツにして使用することで、光沢のある質感や色の違いを表現。バラとの相性や見え方の違いも楽しめるようにする。

○ ニューサイランを結ぶことでブーケに奥行きを出し、下のバラに目をいきやすくさせる。

ブーケ・コニック
Bouquet conique

円錐形のブーケ

花の高さをずらしながらスパイラル（→P.17）で組み、
円錐形に作るスタイルです。
最初に円錐の部分を作ったら一度束ねて固定し、
あとはラウンド形のブーケを作るときと
同じ要領で花材を足していきます。
先端を作るために必要なのは、
尖った形を作りやすい枝物。
ここではギンコウバイを使い、
花を入れる際のクッションにもしています。

> 花材

- Ⓐ バラ"アクロポリス" …… 13本
- Ⓑ バラ"ラプソディ" ………… 9本
- Ⓒ バラ"クレールビジュー"
  ……………………………… 7本
- Ⓓ アストランチア ………… 3本
- Ⓔ ツインキャンドル ……… 7本
- Ⓕ ギンコウバイ …………… 2本
- Ⓖ 紅葉ヒペリカム ………… 1本
- Ⓗ ハーブゼラニウム ……… 3本

> 花材選びの
  ポイント

○ バラをメインに使用。円錐形を作りやすいよう茎が真っすぐで花が上が向いたものを選ぶ。
○ 副花材にはバラのピンクに調和し、尖った印象のツインキャンドルやアストランチアを合わせる。

> 下準備

Avant　　　　　　　　　　　　Après

【ギンコウバイ】❶先端を作るために必要なギンコウバイは、クッションとしても使用するため長いものと短いものに切り分ける。先端から約60cmを手で折る。ここは最初に持つ枝にするか、円錐の部分を作ったあとに、つなぎとして入れる枝にする。
❷ブーケを握る手の下にくる葉は取り除く。手の平ひとつ分が目安。
❸手で余分な葉をこそぎ取る。
❹①で残した枝から、20〜30cm程度の長さの小枝はすべて使用するため手で外す。
❺❻手の平ひとつ分の葉は残し、残りは手でこそぎ取る。

054

ブーケ・ユニック／Bouquet conique

> 作り方

【ツインキャンドル】
花のすぐ下にある葉以外の葉はすべて手で取り除く。

【その他】
紅葉ヒペリカムは20〜30cm程度の長さに枝分けする（→P.24）。バラは茎についた葉とトゲをすべて取り除き、残りの花材はブーケを握る手の下にくる葉はすべて除く（P.12-13）。

❶ 下準備で最初に取り分けたギンコウバイ2本のうち、茎が長く真っすぐな枝を持つ。これが円錐の部分の先端になる。

❷ 束ねるテクニックはスパイラル（→P.17）。もっとも茎が真っすぐなバラを添える。

❸ 少し段差をつけて2本目のバラを添える。

❹ ブーケを回し、1本目のバラとほぼ同じ高さにツインキャンドルを添える。

❺ バラをツインキャンドルの少し下に入れ、バラより低い位置にアストランチアを入れる。ここからは茎を手で軽く握りながら組む。

❻ ブーケを回しながら、ギンコウバイをクッションにしてバラを入れる。円錐の先端を作ることを意識し、少しずつ段差をつけて配置する。

❼ 花を入れる位置が下がってくるため、ブーケを回して手を持ち替える際に手の位置を下にずらす。ギンコウバイは長いものから入れ、短いものは最後の仕上げ用に取っておく。

❽ 上から見た様子。

❾ ギンコウバイと紅葉ヒペリカムをクッションにし、バラとツインキャンドル、アストランチアを色のバランスを見ながら、円錐形を作ることを意識し、段差をつけて入れる。

❿ 円錐の部分がほぼできたら、ハーブゼラニウムを入れる。

ブーケ・コニック／Bouquet conique

⑪ 花材の半分から1／3程度を束ねたら麻紐で縛って固定する。大きさの目安は、手の平ひとつ半程度。

⑫ 麻紐でしっかり縛る。円錐の部分が完成。

⑬ ここからはラウンド形のブーケの底辺を作るときと同じ要領で花材を入れる。長く取り分けたギンコウバイの先端を入れ、円錐の部分から自然につながって見える流れを作る。

⑭ ギンコウバイをクッションにしてバラを入れる。ブーケを持つ手は同じ位置で。ここからは下には下げることはしない。

⑮ ブーケを回し、紅葉ヒペリカムとハーブゼラニウムをクッションにしてさらにバラを入れる。最後のほうは底辺と同じ長さに入れていく。

⑯ 花が全部入ったら、残しておいた短いギンコウバイを握る手のすぐ上に、茎をカバーするため入れる。

⑰ ギンコウバイを入れた状態。

⑱ ブーケを麻紐で縛り、茎をカットする。目安は、結び目を起点として茎の長さがブーケ全体の高さの1／3より少し長い程度になるように。

⑲ ブーケの完成。

⑳ 真上から見た様子。

ポイント

○ 円錐の部分を作るときは、花の顔をよく見ながら向きを揃え、段差をつけて花材を配置。ブーケを回す際、握る手の位置を下にずらしながら入れる。局部的に太くならないよう注意。

○ 底辺を作る際は、円錐の部分から自然につながって見えるようにする。

ブーケ・ミルフルール
Bouquet millefleurs

千本の花のブーケ

フランス語で「千本の花」を意味するミルフルールは、
小さな花や植物が一面に広がる
中世のタペストリーに使われた模様のことでもあります。
その雰囲気を表現するためにたくさんの種類の花を使い、
色や形で遊ぶブーケです。
スパイラル（→P.17）でベーシックなラウンド形に組み、
花はミックスして入れ、自然な表情を見せるようにします。

> 花材

- **A** ルピナス（ピンク、紫） … 6本
- **B** スカビオサ … 3本
- **C** ワスレナグサ … 4本
- **D** 銀葉アカシア … 3本
- **E** ポピー … 5本
- **F** スノードロップ … 5本
- **G** スイートピー"紅式部" … 4本
- **H** スイートピー"ボルドー" … 4本
- **I** スイートピー"ワイン" … 3本
- **J** パンジー … 5本
- **K** ラケナリア
  "ムタビリス（ブルー）" … 5本
- **L** チューリップ
  "ミステリアスパーロット"
  　　　　　　　　　　　… 5本
- **M** ラナンキュラス … 6本
- **N** ラケナリア … 7本
- **O** ツインキャンドル … 5本
- **P** スモークグラス … 3本
- **Q** ハーブゼラニウム … 3本
- **R** レモンリーフ … 8本

> 花材選びの
　ポイント

○「千本の花」のイメージを表現するため、たくさんの花材を集める。1種類の本数を多くするのではなく、種類を多く揃える。

○色みは青から紫を中心に黄色やオレンジも混ぜてミックスカラーに。さまざまな花が混じる雰囲気にする。

> 下準備

すべての花材の、ブーケを握る手の下にくる葉は除く（→P.12-13）。

058

ブーケ・ミルフルール／Bouquet millefleurs

> 作り方

❶ 黄色いラケナリアとスイートピー"ワイン"、ハーブゼラニウムを持つ。形が面白い花を中心に配置し、さまざまな種類の花が入っているイメージを強調する。

❷ 間にハーブゼラニウムをクッションとして入れながら花を順番に入れる。花の高さは揃えながら、基本的なラウンド形に作る。

❸ 同じ色、種類の花が隣り合わないように、ミックスさせながら入れていく。ハーブゼラニウム以外のグリーンも入れながら束ねていく。ほぼ全種類の花が入った状態。

❹ ブーケを回しながら花材を足す。花の形や全体の色のバランスをよく見ながら、花1本1本がきれいに見える空間を考えて配置する。

❺ さらに花材を足していく。チューリップも形の面白い雰囲気のあるものを選ぶと、それだけが主張せずに「千本の花」のうちの1本として見せることができる。

❻ 上から見た様子。アクセントとなるオレンジ色のラナンキュラスは中心部に入れると目立ちすぎるので外側に入れる。

❼ スパイラル（→P.17）に組んだ茎の様子。

❽ さらに花材を足していく。ラケナリアは外側にも入れて垂れる姿を楽しめるように。蕾のポピーも飛び出すように入れて動きを出す。

❾ 握った手のすぐ上にレモンリーフを入れてブーケの完成。高低差はつけていないが、目立つ花の隣には控えめな印象の形の違うものを入れることで奥行きを出している。

❿ 麻紐で縛り、茎をブーケ全体の高さの1／2程度の長さになるように切り揃える。

ポイント

○ 多くの花を使うのでごちゃごちゃした印象にならないよう同じ種類、形、色の花が隣り合わないようにする。
○ 花の高さは揃えて束ねながら、目立つ花の隣には控えめな印象の違う種類の花を入れ、奥行きを出すようにする。

059

グリーン・ブーケ
Bouquet vert

緑の表情を見せるブーケ

花の色と同じように、植物の葉の緑にもそれぞれ個性があります。
素材感、形を含めたグリーンの魅力を知るためのブーケです。
グリーンを引き立てるために白い花を混ぜながら、
さまざまなグリーンの特徴の違いをよく観察し
高低差をつけたラウンド形に束ねます。
初夏のガーデンウェディングにも
ぴったりのナチュラルなスタイルです。

> 花材

- **A** カラー ……………… 3本
- **B** クリスマスローズ …… 7本
- **C** フリチラリア ………… 5本
- **D** ツルバキア …………… 8本
- **E** バイモユリ …………… 6本
- **F** スミレ ………………… 10本
- **G** スズラン ……………… 6本
- **H** グリーンベル ………… 4本
- **I** アイビー ……………… 4本
- **J** ローズゼラニウム、
  ハーブゼラニウム …… 計5本
- **K** ナズナ ………………… 3本
- **L** ローズマリー ………… 6本
- **M** レモンリーフ ………… 7本
- **N** ヒメオドリコソウ …… 10本
- **O** カラスノエンドウ …… 6本

> 花材選びの ポイント

○ 野に咲くイメージを持つ白グリーンの花と、色や形、表情の異なる緑の葉や植物を集める。

○ 色や質感によってグリーンを引き立てるため、形のはっきりとした白いカラーを入れてコントラストをつける。

> 下準備

【スズラン】
❶ 根付きのスズランを使用。根元に残った薄皮を下にできるだけ長く引っぱり、茎を長く出す。
❷ 葉から茎ごとスズランを手で外す。

【その他】
ブーケを握る手の下にくる葉は手で除く(→P.12-13)。

> 作り方

❶ 束ねるテクニックはスパイラル(→P.17)。ゼラニウムとスミレを持つ。野に咲く花を集めたイメージに仕上げたいので、中心に持ってくる花も可愛らしい雰囲気のものを選ぶ。

❷ クリスマスローズを入れる。ここからは茎を手の中に入れ、ブーケを回しながら組んでいく。それぞれの形をよく見ながら、高低差をつけて花材を入れていく。

❸ 同じような色や形のグリーンが隣り合わないように注意。グリーンベルやカラスノエンドウなど動きのあるものは上に飛び出すように入れ、自然的な雰囲気に。

❹ カラーを、握った手のすぐ上あたりの低い位置に入れる。このブーケの中で主張の強い花を高い位置に入れると、他の花が目立たなくなるため。

❺ 花材をミックスさせながら、高低差をつけて足していく。小花類は一度に2本まとめて入れるが、スズランは姿をはっきり見せたいので、少し高い位置に1本ずつ入れる。

❻ アイビーを入れる。全体の形は緩やかなラウンド。

グリーン・ブーケ/Bouquet vert

上から見た様子。異なる花材が全体にバランスよく入っているのがわかる。ナズナは飛び出すように入れて動きと遊びを。

さらに花材を足していく。フリチラリアの黄色はアクセントとして入れる。

さらに花材を足していく。

似たような色や形のグリーンが隣り合うとごちゃごちゃした印象になるので、違う種類のものが並ぶようにする。

アイビーの濃いグリーンと下に垂れる姿も、ブーケに表情をつける。

上から見た様子。花の白も種類によって色のニュアンスや素材感が違うので、全体にバランスよく散らばるようにする。

さらに花材を足していく。目立つ花、カラーを下に入れ、周囲に控えめな花を入れることでカラーが引き立ち、奥行きも出せる。カラーがないと全体がぼやけた印象になる。

レモンリーフ以外の花材がすべて入った状態。

スパイラルで束ねた茎の状態。ブーケを握っている手のすぐ上にレモンリーフを、柔らかい茎がある場所に入れて保護する。

茎がもっとも細くなった部分を麻紐で縛る。

紐をしっかり引っ張って茎を締め、余分な紐を切る。茎をカットする。目安は結び目を起点として茎の長さがブーケ全体の高さの1／2程度になるように。

ポイント

○ グリーンの種類を多く使うのでごちゃごちゃした印象にならないよう、隣り合う花材は種類や色、ニュアンスを違えて変化をつける。

○ グリーンを引き立てる白い花も色や質感の特徴をよく見て、効果的な位置を考えて入れる。

ブーケ・エキゾチック
Bouquet exotique

異国的な雰囲気のブーケ

和風でもヨーロッパ風でもない異国情緒を表現したブーケです。
熱帯植物を中心に花材を選び、南国風に仕上げました。
花材を種類ごとにまとめ塊にして配置する
グルーピング(→P.19)のテクニックで束ね、それぞれの色や素材感を強調。
さらに奥行きと立体感を出すことでモダンな印象にしています。

> 花材

- Ⓐ プロテア・コルダータ ………… 12本
- Ⓑ ニューサイラン ………… 4枚
- Ⓒ セダム ………… 3本
- Ⓓ レッドダッチェス ………… 5枚
- Ⓔ カラテア・ロツンディフォリア ………… 5枚
- Ⓕ リューカデンドロン ……… 5本
- Ⓖ アロカシア・クプレア …… 1枚
- Ⓗ アンスリウム ………… 5本
- Ⓘ カラテア・メダリオン …… 6枚

> 花材選びの
ポイント

○ 見た目に面白い南国的な葉物を集め、異国的でモダンな雰囲気に。
○ プロテア・コルダータの色を基調に、葉の裏の赤いレッドダッチェスやセダムなど同じトーンの赤色を持つものを中心に選択。

> 下準備

左／ニューサイランはブーケの中に入る根元の部分はつけたまま、先端を2つに裂く（→P.49）。リューカデンドロンは先端の葉のみを使用するので、それより下の葉はすべて除く。
上／レッドダッチェスは葉の裏面を使用する。裏表にして持ち、茎の部分を手で握って温めてから反対の向きに曲げる。

> 作り方

❶ 束ねるテクニックはスパイラル（→P.17）。プロテア・コルダータを数本まとめて持つ。

❷ 上から見た様子。高さを揃え、葉1枚1枚の形をしっかり見せるように持つ。

❸ アンスリウムを2本添えてプロテア・コルダータを入れ、レッドダッチェスを裏表にして入れる。

❹ 葉先をカールさせながら3枚重ねて入れる。こうすることで立体感が出せる。また葉の裏面を見せることで違った素材感がブーケに加わり、変化が出る。

❺ プロテア・コルダータをレッドダッチェスの下に入れて、葉先が広がってこないように押さえる。プロテア・コルダータはクッションの役割。

❻ カラテア・ロツンディフォリアを2枚入れる。グルーピングで束ねるので、花材は数枚、または数本ずつまとめて入れる。

ブーケ・エキゾチック/Bouquet exotique

ブーケを回し、リューカデンドロン数本をまとめて入れ、プロテア・コルダータを入れる。

リューカデンドロンの隣にカラテア・メダリオンを2枚入れる。最初に持ったプロテア・コルダータを中心にし、それぞれの花材の色や形がしっかりと見えるように配置。

セダムをまとめてプロテア・コルダータの間に入れる。プロテア・コルダータの色につなげて選んだ花材で、奥行きを出す役割も持つ。

残りのレッドダッチェスを④と同様に重ねて入れ、プロテア・コルダータで押さえる。アンスリウムを数本まとめて入れる。その下にプロテア・コルダータを入れる。

⑩のプロテア・コルダータの下にアロカシア・クプレアを入れる。

残りのリューカデンドロンを入れ、カラテア・メダリオン、プロテア・コルダータを入れ、下準備をしたニューサイランを全体のバランスを見ながら2枚入れる。

反対側にも残りのニューサイランを入れる。残りのカラテア・ロツンディフォリアも入れる。

最後はブーケを握る手のすぐ上にプロテア・コルダータを入れて押さえる。麻紐で結び、茎をブーケ全体の高さの1/2程度の長さになるようにカットする。

ニューサイランの葉を、別の場所にある葉同士で結ぶ（→P.51）。このときに結び目が片側にくるようにする。ブーケの完成。

ポイント

○ 花材の色や形の特徴を見せることを意識し、グルーピングをしながら束ねる。高さを揃えたラウンドではなく、立体感を出すことでモダンに。
○ 360°、どこから見ても違ったイメージが楽しめるよう、全体のバランスをよく見ながら花材を配置。

067

ブーケ・オリゾンタル
Bouquet horizontal

フレームを使った水平のスタイル

オリゾンタルはフランス語で「水平」を意味します。
その名の通り、地面と水平に花を組んで作るブーケです。
フレームを利用することで花をフラットに配置することが可能になります。
作り方はフレームを使ったブーケの基本。
フレームに先にグリーンを入れて土台を作り、花を挿していきます。
色を面で見せ、花のじゅうたんのように仕上げます。

> 花材

- Ⓐ クロメヤナギ …………… 2本
- Ⓑ ヒュウガミズキ ………… 2本
- Ⓒ アストランチア ………… 4本
- Ⓓ マメの花 ………………… 5本
- Ⓔ ワスレナグサ …………… 4本
- Ⓕ ツインキャンドル ……… 5本
- Ⓖ 銀葉アカシア …………… 4本
- Ⓗ スカビオサ ……………… 3本
- Ⓘ ポピー …………………… 4本
- Ⓙ スイートピー（ミックス） ………………… 30本
- Ⓚ チョコレートペパーミントゼラニウム …… 5本
- Ⓛ アメリカイワナンテン … 4本
- Ⓜ レモンリーフ …………… 8本

> 花材選びの ポイント

○ フレームの枠に使用する枝は太さが均一で真っすぐなものを選ぶ。空間を埋める枝は細くしなやかなものを選択。
○ 土台に使うグリーンはアメリカイワナンテンと銀葉アカシアで、色みにニュアンスをつける。
○ 花はフレームの中で好きな場所に配置しやすいよう茎の柔らかいものを。ここではスイートピーをメインに。

069

> 下準備

左／クロメヤナギは、フレームの枠用に40cm2本と20cm2本に切り分ける。
右／残りのクロメヤナギは肘から手先までの長さに切り分ける（上4本の枝）。ヒュウガミズキも肘から手先までの長さに切り分ける（下3本の枝）。
その他の花材は、ブーケを握る手の下にくる葉をすべて取り除く（→P.12-13）。

> 作り方

❶ フレームを作る。40cmと20cm長さのクロメヤナギで長方形の枠を組み、枝が重なる部分4カ所を結束バンドで固定する。

❷ 残りのクロメヤナギは、①で作った枠の上に交差させながら、動いてしまう箇所のみ結束バンドで固定する。

❸ ヒュウガミズキを、②のクロメヤナギの間に編み込むようにしながら交差させて配置し、ネット状に形作る。不安定な場所のみ結束バンドで固定する。フレームの完成。

❹ ネットの目がなるべく細かくなるように組む。花を好きな場所に固定してフラットな状態に組みやすく、また束ねる際に茎を曲げることも容易になる。

❺ レモンリーフを4本まとめて持つ。

❻ 上にフレームをのせる。丈夫なレモンリーフはフレームを支えるために使用する。

ブーケ・オリゾンタル／Bouquet horizontal

❼ 中央にフレームの上からチョコレートペパーミントゼラニウムを入れる。

❽ 両脇にもゼラニウムを入れる。入れるときはフレームの上から挿し、下から茎を引っ張って位置を整える。

❾ 茎はスパイラル（→P 17）になるように組む。

❿ さらにフレームの上から銀葉アカシアを3〜4カ所に入れる。横から見たときにフラットな状態になるように、フレームの端に入れる。

⓫ ブーケを回しながら、アメリカイワナンテンを空いたところに色と形のバランスを見て入れる。ブーケの土台が完成。

⓬ スイートピーを最初にすべて入れる。全体に色が散らばるようにするため、濃い色から配置していくとバランスが取りやすい。

⓭ 花は端に入れてもフレームによって花首は固定されるので、茎のみを中央に持ってきてスパイラルに束ねることができる。フレーム上の広い面積に花を配置することが可能に。

⓮ スイートピーを、バランスを見ながら全体にまんべんなく色が散らばるように入れる。

⓯ 空いたところにツインキャンドルとアストランチア、ワスレナグサを入れる。スイートピーのみだと甘い雰囲気になるので、他の花も入れて面白さを出す。

⓰ ポピーは咲いたときの空間を考えて高く入れ、マメの花も動きを見せるために飛び出すように入れる。

⓱ 最後は茎を握った手のすぐ上にレモンリーフを入れて麻紐で縛り、茎をカットして完成。茎の長さが、ブーケ全体の高さの半分程度になることが目安。

ポイント

○ フレームに枝をネット状に留め付けるときは、なるべく目を細かくすること。茎を曲げて花を固定し、フラットに配置しやすくするため。

○ 花は上から入れて束ねるので、入れる際に他の花材を傷つけないように注意しながら行う。

グラデーション・ブーケ
Bouquet concentrique

| 円心状のブーケ

色で円心状の模様を作って
グラデーションを見せるブーケです。
ニュアンスの異なるクリーム色のバラを
きっちりと半円形に束ね、
そこから薄い紫、薄いピンク、
濃いピンクへとつなげていきます。

> 下準備

ガマズミは花を入れるときのクッションにするため、手で枝を小分けにする。その他、バラは葉とトゲをすべて除き、その他の花材はブーケを握る手の下にくる葉を取り除く（→P.12-13）。

> 作り方

❶ バラ"ジャルダン・アラ・クレム"を白からピンクがかった色へとつなげるように、間にミントとゼラニウムを挟みながらブーケ・モザイク（→P.18）の要領でラウンドに束ねる。

❷ バラ"イヴクレール"を、間にハーブゼラニウムを挟みながら入れていく。薄い紫のバラから徐々に濃いピンクへとつなげるため、クリーム色の次にこのバラを全部入れる。

> 花材

- A バラ"イヴピアッチェ" ……………… 17本
- B バラ"アムルーズ" ………………………… 8本
- C バラ"ジャルダン・アラ・クレム" ……… 22本
- D バラ"イヴクレール" ……………………… 6本
- E クリスマスローズ ………………………… 5本
- F ガマズミ …………………………………… 2本
- G アストランチア …………………………… 8本
- H スペアミント ……………………………… 10本
- I ハーブゼラニウム ………………………… 3本
- J レモンリーフ ……………………………… 10本

> 花材選びのポイント

○ 色の変化をわかりやすく見せるため、花はほぼバラのみを使用する。中心となるクリーム色のバラから、輪郭となる濃いピンクへとつなげる色を用意。

○ 色を見せるためにクッションとして入れる葉物の種類は少なめに。代わりにバラの色に合うガマズミを使用。

❸ 途中でクリスマスローズを入れる。同じ色みで雰囲気の異なる花を少量アクセントで入れることで、変化と遊びが加わる。

❹ イヴクレールが全部入ったら、バラ"アムルーズ"を入れていく。このときはガマズミをクッションとして間に挟む。きれいな半円形にすることを意識して組む。

❺ 途中でアストランチアも入れる。アムルーズがすべて入ったら、バラ"イヴピアッチェ"を間にガマズミを挟みながら入れ、色の輪郭をはっきりと作る。

❻ バラがすべて入った状態。真上からは、クリームのバラの周囲に濃いピンクのバラの円が重なっているように見える。

❼ レモンリーフを、ブーケを握っている手のすぐ上にぐるっと1周させて入れる。麻紐で縛り、茎をブーケ全体の高さの1/2程度の長さになるようにカットして完成。

ポイント

○ バラの高さと色を揃えて半円形に組み、色の変化を効果的に見せる。

○ 欲しい色のバラが必ずしも置きたい場所に適した形でないこともあるため、クッション用の花材の位置も工夫しながら、色とバラの顔をよく見て時間をかけて束ねる。

ブーケ・シュット・マリエ
Bouquet chute de la mariée

| 滝のように流れる
| グリーンのウェディングブーケ

シュットはフランス語で「滝」の意味。同じ滝でも、
キャスケードブーケはグリーンと一緒に花も下まで流れますが、
シュットは流れるのはグリーンのみというスタイルです。
最初にラウンド形のブーケの中心まで作って蔓性のグリーンを入れ、
そこにさらに花材を加えることで一体感を出します。
テクニックは基本のラウンド形のブーケと同じです。

> 花材

Ⓐ スプレーバラ
 "フェアビアンカ" ……… 9本
Ⓑ バラ"ピーチキャンディ"
 ……………………………… 9本
Ⓒ アストランチア ………… 3本
Ⓓ フランネルフラワー …… 10本
Ⓔ トケイソウ ……………… 3本
Ⓕ ハーブゼラニウム ……… 3本
Ⓖ アイビー（グリーン、斑入り）
 ……………………………… 14本
Ⓗ レースフラワー ………… 3本
Ⓘ アップルミント ………… 5本
Ⓙ ピットスポラム ………… 2本
Ⓚ ジャスミン ……………… 10本
Ⓛ ゲーラックス …………… 10本

> 花材選びの
 ポイント

○ 流れる部分を作る蔓性のグリーンは数種類を揃え、色や素材感の違いを楽しめるように。
○ 花は季節を選ばずグリーンと相性のよいクリームから白のバラを中心に合わせる。

> 下準備

左／アストランチアは使いやすい長さに取り分け、ブーケを握る手の下にくる葉を取り除く。フランネルフラワーもブーケを握る手の下にくる葉を取り除く。蕾は残す。
右／レースフラワーは使いやすい長さに取り分け、ブーケを握る手の下にくる葉を取り除く。

左／ハーブゼラニウムは使いやすい長さに小分けにする。
右／アイビー、ジャスミン、トケイソウは、根元から手の平ひとつ分の部分の葉を取り除く。
その他、バラはすべての葉とトゲを取り除き、スプレーバラはトゲと、枝分かれした部分から下の葉を取り除く。
残りの花材はブーケを握る手の下にくる葉を取り除く（→P.12-13）。

> 作り方

❶ 束ねるテクニックはスパイラル（→P.17）。バラ、フランネルフラワー、アストランチアをクッションとなるハーブゼラニウムとアップルミントを間に挟んで持つ。

❷ ブーケを回し、アイビーを1本入れる。

❸ ミントやゼラニウムを挟みながらバラ、フランネルフラワー、アストランチアを入れ、ラウンド部分の中心を作る。蔓性のグリーンを②のアイビーと同じ位置に入れる。

ブーケ・シュット・マリエ/Bouquet chute de la mariée

❹ 使用する蔓性のグリーンとピットスポラムの1／3量を一度に入れる。仕上がったときにラウンド部分とグリーンが分かれて見えないよう、一体感を出すためにこの段階で入れる。

❺ スプレーバラを入れる。グリーンの上から挿し、間を通す。

❻ 入れたら下から茎を持って引っ張り、他の茎と合わせてスパイラルに組む。花をグリーンの中に通しながら入れることで一体感が出せる。

❼ スプレーバラの隣にフランネルフラワーを入れる。バラと同様、グリーンの間を通しながら配置する。

❽ ここでブーケの形はほぼ決まる。あとは通常のスパイラルで組むブーケと同様、ブーケを回しながら花材を足していく。

❾ 流れるグリーンはいつも❷と同じ位置に入れる。長い場合は、グリーンの上から巻きつけるようにする。

❿ グリーンがドレスにまとわりつかないようにまとめること。また後ろから見ても美しい形にすることを意識する。

⓫ ラウンド部分の形を整えながら、グリーンの部分にも上から挿したり、横から入れるなどして花を配置し、自然な流れを作る。

⓬ ゲーラックス以外の花材がすべて入った状態。ラウンド部分から自然に花とグリーンがつながって、下に流れている。

⓭ ブーケ・ボット・マリエ（P.43）の⓬〜⓯を参照してブーケの底辺にゲーラックスを入れ、麻紐で縛って茎をカット。花嫁が持ちやすいように茎は揃えて縛る。

⓮ ブーケの完成。手に持った状態。

ポイント

○ ラウンド部分と流れるグリーンに一体感が出るように、グリーンの部分にも花を入れて自然な流れを作る。
○ 流れるグリーンの長さはラウンド部分の大きさに合わせて変える。

ローラン・スタイル
Bouquet LAURENT style

| ローラン・ボーニッシュのスタイル

バラとグリーンをミックスするのではなく、
ピンクのバラだけをギュッとラウンド形にまとめ、
周囲にナチュラルな雰囲気のグリーンを合わせて
それぞれの魅力を楽しむ花束です。
バラは色の塊として見せたいので、束ねる際に間に葉物は入れません。
周りのグリーンは高さと動きを出しながら
自然な表情を生かし、ふわっとした印象に仕上げます。

> ## 花材

- **A** バラ"イヴパッション" …… 6本
- **B** バラ"ピンクイヴピアッチェ" …………………………………… 6本
- **C** バラ"イヴクレール" …… 6本
- **D** バラ"イヴピアッチェ" …… 8本
- **E** スイートピー(2種) …… 10本
- **F** アストランチア ………… 5本
- **G** マンサク ………………… 3本
- **H** ワスレナグサ …………… 5本
- **I** ツインキャンドル ……… 3本
- **J** 銀葉アカシア …………… 3本
- **K** オカメヅタ ……………… 3本
- **L** スモークグラス ………… 10本
- **M** グリーンベル …………… 8本
- **N** レースフラワー ………… 3本
- **O** マメの花 ………………… 5本
- **P** レモンリーフ …………… 5本
-   ハーブゼラニウム ……… 3本

> ## 花材選びの
> ポイント

○ 中心のラウンド部分には濃淡のピンクのバラを使用。間を埋めるための花材にはグリーンではなく色みの合うアストランチアを選択。

○ 周囲に配置する花材は自然的な印象の枝やグリーンのほか、柔らかいイメージの花もアクセントとして混ぜる。

> 下準備

バラは束ねやすいようにすべての葉を取り除く。トゲも取り除く(→P.12)。アストランチアは使いやすい長さに切り分け、ブーケを握る手の下にくる葉を取り除く(→P.76)。その他の花材はブーケを握る手の下にくる葉を取り除く(→P.12-13)。

> 作り方

❶ 束ねるテクニックはスパイラル(→P.17)。バラ3本とアストランチアを持つ。グリーンを入れないため、バラが動かないよう間を埋める材料としてアストランチアを使用。

❷ アストランチアを間に挟みながらバラを束ねる。高さを揃えたラウンド形にすることを意識する。

❸ 色のバランスを見ながらバラを加えていく。濃い色は中央に持ってくるとそこばかりが目立ってしまうので、外側を中心にまとめて入れるようにし、自然なグラデーションを作る。

❹ クッションとなるグリーンを使用しないため、花が固定されにくく茎が滑りやすい。ブーケを持つ手でしっかりと支えながら束ねる。

❺ 花の高さを揃え、きれいな半円形にすることを意識する。

❻ バラをすべて束ねた状態。

❼ バラをすべて束ねたら周囲にグリーンを入れていく。バラより高い位置に配置していく。

❽ 上から見た様子。

❾ 花材は全体にまんべんなく入れる。1本1本の表情を見せながら、ふわっとした印象になるように意識。マメの花は飛び出すように入れて自然な雰囲気を出す。

ローラン・スタイル／Bouquet LAURENT style

スパイラルに束ねた茎の様子。グリーンを入れていくときは、中央に丸く束ねたバラの円をつぶさないように注意する。

同じ花が隣り合わないよう、また同じような色がかたまらないよう注意しながら花材を足す。スイートピーはバラと色をつなげるためのアクセントとして入れる。

最後のほうには茎が柔らかく、しなるグリーンを入れてブーケに広がりを出す。レースフラワーも揺れる花の様子を効果的に見せるため、少し高い位置に入れる。

オカメヅタも最後のほうに入れて、葉と蔓が垂れる表情を生かす。

束ねているうちに中央のバラが動いてくる。下に引っ込んだバラがあったら指を入れて引っぱり上げ、形を整える。

レモンリーフ以外の花材がすべて入った。ギュッとかたまったバラの周囲に、自然な表情を生かしたグリーンと花が配置されている。

握った手のすぐ上にレモンリーフを入れ、束ねた茎を押さえて保護する。

麻紐で縛る。

ブーケ全体の高さの1／2程度の長さになるように茎をカットする。完成。

ポイント

○ バラを束ねるときのテクニックはP.18のブーケ・モザイクと同じだが、間にグリーンを使用しないため茎が固定されにくく滑りやすい。ブーケを握る手でしっかりと支えながら組むようにする。

081

Chapitre

3

テーマ別
フレンチスタイルブーケ

この章では「季節」「色」「花材」の
3つのテーマ別にブーケをご紹介します。束ね方のテクニックは、
Chapitre 1とChapitre 2で解説したことの応用になりますが、
同じスタイルのブーケでも、花合わせや色合わせの違いで、
異なる雰囲気が表現できることがわかるでしょう。
花との出会いは一期一会。
花の魅力を引き出すことを第一に考えて、
無理のない形で出会った花材を束ねてみましょう。
フレンチスタイルのブーケは、それによって一層美しさを増します。

(テーマ 季節)

春のブーケ
Bouquet du printemps

パンジーの魅力を表現する

春の訪れを告げるパンジーは、
フリル状でビロードのような質感の花びらが魅力の花。
花の色のバリエーションも豊富で、
さまざまな色合わせを楽しむことができます。
ここではそんなパンジーをたっぷり使用し、
花畑のようなブーケに仕上げました。

> 花材

- Ⓐ パンジー（ミックス） …… 29本
- Ⓑ スミレ …………………… 10本
- Ⓒ クリスマスローズ ……… 4本
- Ⓓ アストランチア ………… 3本
- Ⓔ ツインキャンドル ……… 5本
- Ⓕ スペアミント …………… 5本
- Ⓖ アップルミント ………… 5本
- Ⓗ ハーブゼラニウム ……… 3本
- Ⓘ ガマズミ ………………… 1本
- Ⓙ ヘデラベリー …………… 3本

> 花材選びの
ポイント

○ パンジーは各色を用意。パンジーをメインにする場合は他の花を合わせると負けてしまうが、それぞれの色をしっかり見せるためには、多少は入れたほうが効果的。ヘデラベリーなど素材感と色の調和がとれるものを揃える。

> 作り方のポイント

○ パンジーの茎は中が空洞になっているためデリケート。束ねている際に折ったり曲げたりしてしまいがち。力を入れずに、クッションとなるグリーンを間に入れて調整しながら、優しく束ねる。

> テーマ
> 季節

春の空気を束ねるブーケ
Bouquet de l'air du printemps

青紫〜ピンク系の花を使って

スイートピー、ラナンキュラス、ヒヤシンスなど春の花を
組み合わせたブーケです。
春の柔らかく澄んだ空気をイメージし、
青みがかった紫からピンクでまとめました。
マメの花やグリーンベルなど動きのあるグリーンで表情を出し、
春の息吹を表現します。

> 花材

- **A** スイートピー……………12本
- **B** ラケナリア………………10本
- **C** シレネ"グリーンベル"……5本
- **D** アストランチア……………4本
- **E** ワスレナグサ………………5本
- **F** ヒヤシンス…………………5本
- **G** ラナンキュラス……………9本
- **H** フリチラリア………………2本
- **I** ムスカリ……………………6本
- **J** クリスマスローズ…………5本
- **K** セリンセ……………………3本
- **L** ライラック…………………4本
- **M** マスティック………………4本
- **N** マメの花……………………3本
- **O** ハーブゼラニウム…………5本

> 花材選びのポイント

○ 春の透明感のある空気を表現するため、ブルーベースの紫からピンクの花を中心に集めてすっきりとした中に華やかさを。ラナンキュラスからムスカリまで、花の大きさに変化をつける。

> 作り方のポイント

○ 花はゆるいグルーピング（→P.19）で束ね、色の塊をバランスよく見せることを意識。ムスカリやワスレナグサなどの小さいものは2〜3本束にして入れる。

○ 花材は部分的につながって見えないよう、色や質感、大きさの異なるものが隣り合うように配置する。

イースターの鳥の巣ブーケ
Bouquet nid de Pâques

テーマ 季節

| イースター

中央に牧草を敷き、鳥の巣に見立てたブーケです。
キリスト教圏の春の祝祭、復活祭（イースター）を意識し、
ウズラの卵の殻を入れてイースターエッグをイメージ。
鳥の巣の雰囲気に合う、
ナチュラルな花とグリーンで明るい印象に仕上げます。

> 花材

- Ⓐ スカビオサ ……… 5本
- Ⓑ ツインキャンドル ……… 8本
- Ⓒ サンダーソニア ……… 8本
- Ⓓ アストランチア ……… 5本
- Ⓔ マーガレット ……… 8本
- Ⓕ スイートピー ……… 13本
- Ⓖ ポピー ……… 8本
- Ⓗ ウコン（枝） ……… 3本
- Ⓘ ジャイアントピトス ……… 3本
- Ⓙ スモークグラス ……… 5本
- Ⓚ ハーブゼラニウム ……… 3本
- Ⓛ シダ ……… 7本
- Ⓜ タマシダ ……… 12本
- Ⓝ タバリアファン ……… 12本
- Ⓞ アイビー ……… 7本
- Ⓟ ナルコラン ……… 8本
- Ⓠ モス ……… 適量
- Ⓡ 牧草 ……… 適量
- Ⓢ ウズラの卵の殻 ……… 適量
- Ⓣ ミモザ ……… 3本

> 花材選びの
ポイント

○ 野原に咲くイメージを持つ、線の細い自然的なグリーンを土台用に集める。花はピンクやオレンジ、白など牧草に生える明るい色みのものを。オレンジがないと淋しい印象になってしまう。

> 作り方のポイント

○ 作り方はブーケ・オリゾンタル（→P.68）のように、先にグリーンのみを束ねて土台を作り、グリーンの間を通して花を周囲に入れる。花はグリーンより高くなるように配置。中央は空け、牧草とモスを敷いて卵の殻を入れる。

089

> テーマ
> 季節

夏のブーケ
Bouquet de l'été

ヒマワリを束ねる

ヒマワリは茎が長く組みにくい花材ですが、
ここでは短くカットし、
花を見せることをメインにグラフィカルに束ねました。
ヒマワリの黄色と葉の緑で夏の明るいイメージにまとめながら、
茶色を加えることで個性的でスタイリッシュな印象に。
男性にも向くブーケです。

> 花材

- **A** ヒマワリ"ムーランルージュ" ……… 7本
- **B** ヒマワリ"サンリッチフレッシュレモン" ……… 5本
- **C** ヒマワリ"サンリッチオレンジ" ……… 5本
- **D** ヒマワリ"東北八重" …10本
- **E** コティナス"ロイヤルパープル" … 3本
- **F** モンステラ ……… 10枚
- **G** クワズイモ ……… 3枚
- **H** ハーブゼラニウム … 5本
- **I** ハラン ……… 5枚

> 花材選びのポイント

- 花はヒマワリのみを使用。色のニュアンスが異なるものを4種類合わせて変化をつける。
- グラフィカルに仕上げるため、形のはっきりとした葉物を用意。奥行きを出すためには茶色の枝物コティナスを。

> 作り方のポイント

- ブーケ・グラフィック（→P.46）の応用。中心にヒマワリを入れ、グルーピング（→P.19）で束ねる。コティナスは小分けにしてクッションと色みのアクセントとして使用。
- ハランはブーケに立体感を出すために三角形に巻いて入れる（→P.48）。奥行きを意識し、左右対称のブーケに仕上げる。

テーマ 季節

秋のブーケ・シャンペートル
Bouquet champêtre d'automne

| 秋の田園風景を束ねる

ブーケ・シャンペートル（→P.32）の秋バージョンです。
茶色がかったオレンジの花や紅葉など、
秋の田園に自然に育つイメージの花材を集めて束ねました。
春のブーケが淡い色であるのに対し、
秋はこっくりとした色みに仕上げるようにします。

> ## 花材

- Ⓐ ホトトギス …………… 5本
- Ⓑ アストランチア
  （白、紫、ボルドー） …… 9本
- Ⓒ アフリカンブルーバジル
  …………………………… 5本
- Ⓓ マーガレット ………… 5本
- Ⓔ ジニア"ペルシャン
  カーペット" …………… 7本
- Ⓕ ジニア"クイーン
  レッドライム" ………… 5本
- Ⓖ マトリカリア ………… 3本
- Ⓗ ツインキャンドル …… 7本
- Ⓘ ニンジンの花 ………… 7本
- Ⓙ アゲラタム …………… 3本
- Ⓚ シモツケ ……………… 2本
- Ⓛ 紅葉ヒペリカム ……… 5本
- Ⓜ スモークグラス ……… 10本
- Ⓝ ルビーグラス ………… 15本
- Ⓞ ハーブゼラニウム …… 3本
- Ⓟ アルケミラモリス …… 5本

> ## 花材選びの
> ポイント

- ○ ニンジンの花やマトリカリア、紅葉した葉物など、秋の野に自然にあるイメージのものをできるだけ種類を多く集める。
- ○ 奥行きと立体感をだすため、グリーンは多めに用意。

> ## 作り方のポイント

- ○ 花材はミックスで、種類や色、形の違うものを順番に束ねてナチュラルな印象に仕上げる。
- ○ 目立つ花は低く、周囲に少し控えめで背の高い花を入れて高低差をつけ、花がきれいに見える空間を作る。

093

秋色のブーケ

テーマ 季節

Bouquet couleur automnal

| 紅葉のイメージで

秋色のダリア、アジサイ、実ものと、秋の葉物をたっぷり束ねたブーケです。
色づいた葉や枯れた葉も合わせ、この季節ならではの葉の色や質感、
表情を楽しめるようにしました。実ものの赤が全体のアクセントとなり、
葉物の少しくすんだ色みも引き立ててくれます。

> 花材

- Ⓐ ダリア ……………… 5本
- Ⓑ ピラミッドアジサイ"ミナヅキ" ……………… 1本
- Ⓒ ジニア"クイーンレッドライム" ……………… 10本
- Ⓓ 秋色アジサイ ……… 2本
- Ⓔ ガマズミ …………… 3本
- Ⓕ バラ（実）………… 10本
- Ⓖ マルバマンサク …… 3本
- Ⓗ キイチゴ（葉）…… 5本
- Ⓘ シモツケ …………… 3本
- Ⓙ 紅葉ヒペリカム …… 3本
- Ⓚ ハーブゼラニウム … 5本
- Ⓛ レモンリーフ ……… 7本

> 花材選びの
  ポイント

○ 葉物がメインとなるように、紅葉や枯れ色のものなどを多く集める。
○ 花も葉の色に合う少しくすんだものを用意。葉の緑色のトーンを抑えるため、青いアジサイも入れる。

> 作り方のポイント

○ グルーピング（→P.19）で束ねる。葉物をまとめて入れながら立体感を出す。
○ 枝付きの葉は飛び出すように入れて全体に動きをプラス。秋のブーケは少しワイルドな印象に作るほうがよい。

○テーマ
季節

ノエルのブーケ
Bouquet de Noël

クリスマスに飾るブーケ

クリスマス（ノエル）の
1週間前からイブの日まで
飾って楽しむブーケです。
緑のコニファーと赤いバラ、マツカサなど
象徴的な材料を使って束ねていますが、
それだけでは平凡なので、
紫のバラも混ぜて遊びをプラス。同時に、
緑の素材感を引き立てるようにします。

> ## 花材

- Ⓐ バラ"ミッドサマー" ……… 5本
- Ⓑ バラ"ロワイヤル" ………… 8本
- Ⓒ バラ"レッドラナンキュラ" …………………… 10本
- Ⓓ バラ"アンダルシア" … 10本
- Ⓔ ダリア"黒蝶" …………… 4本
- Ⓕ アストランチア ………… 3本
- Ⓖ ナデシコ"ブレアンサスクイーン" ………… 6本
- Ⓗ ヒムロスギ …………… 2本
- Ⓘ コニファー"ブルーアイス" …………………… 2本
- Ⓙ コニファー"ブルーバード" …………………… 3本
- Ⓚ ヒノキ ………………… 3本
- Ⓛ ローズゼラニウム ……… 3本
- Ⓜ マツカサ ……………… 5個
- Ⓝ アメリカイワナンテン …… 2本

> ## 花材選びのポイント

- ○ 色や形、質感の異なるさまざまな種類のコニファーを集めて変化をつける。
- ○ 花は赤をメインに紫のバラを加えて個性的に。
- ○ 軽さを出すためにアメリカイワナンテンを入れる。
- ○ マツカサは大きいものでインパクトを出す。

> ## 作り方のポイント

- ○ マツカサにはバラなどの太くて硬い茎を#20のワイヤーを巻き付けて固定し、パーツにして使用。中心部分と終わりのほうに入れる。
- ○ 花はグルーピング(→P.19)で、コニファーを間に挟みながら束ねる。外側はコニファーの自然な動きを生かし外に広がるように配置。

テーマ
色

カマイユブーケ
Bouquet de couleur camaïeu

| 同色色相・類似トーンの組み合わせ

カマイユとは、色相やトーンが
ほぼ同じ色同士の配色のことを指します。
クリーム色のバラを使い、
同じ色みの中の微妙な変化を楽しむブーケを作りました。
クリーム色のブーケは白いドレスを引き立て、
ブーケ自体も美しく見えるためウェディングでも人気です。

> 花材

- Ⓐ バラ ……………………… 5本
- Ⓑ バラ"ジャルダン・
  アラ・クレム" ………… 15本
- Ⓒ バラ"マハ" …………… 10本
- Ⓓ アストランチア ………… 8本
- Ⓔ クリスマスローズ ……… 6本
- Ⓕ バイモユリ ……………… 8本
- Ⓖ 銀葉アカシア …………… 2本
- Ⓗ ティーツリー …………… 1本
- Ⓘ ハーブゼラニウム ……… 2本
- Ⓙ ローズゼラニウム ……… 2本

> 花材選びの
  ポイント

○ クリーム色でも微妙に
  トーンの異なるバラ、質
  感の違うクリスマスロー
  ズや小花を用意。
○ 間に入れるグリーンは
  銀葉アカシアなど、クリ
  ーム色と馴染む茶色の
  花材も用意する。

> 作り方のポイント

○ 作り方はブーケ・デコラ
  ティフ（→P.26）の要
  領で。クリームとほんの
  りピンクがかったバラ
  を、色のバランスを見な
  がら配置。間にグリーン
  を挟みながらラウンド
  形に束ねる。

深い色のディープブーケ
Bouquet de couleur profonde

テーマ 色

深い色の魅力を見せる

ワインレッドより落ち着いた、シックなボルドー色をメインにしたブーケです。
葉物にも黒っぽいケールを使い、インパクトのある色合わせにこだわりました。
使用する花の形に変化をつけて緑の葉物も少量混ぜることで、
個性的な色もうまくまとめることができます。

> 花材

- Ⓐ バラ"ジャルダンパフューメ" ……………… 3本
- Ⓑ ラナンキュラス ……………… 20本
- Ⓒ ヒヤシンス ……………… 10本
- Ⓓ アストランチア ……………… 10本
- Ⓔ ガマズミ ……………… 2本
- Ⓕ ケール ……………… 7枚
- Ⓖ ハーブゼラニウム ……………… 5本
- Ⓗ レモンリーフ ……………… 7本

> 花材選びの ポイント

○ ボルドー色のラナンキュラスをメインに、深い赤からピンクへつながる花を集める。丸い花だけでは印象が強くなりすぎるので、形の違うものを揃えてバランスをとる。

○ クッションの葉物はボルドー色に合うケールを。それのみでは渋くなりすぎるため、ハーブゼラニウムの明るい緑も少量混ぜる。

> 作り方のポイント

○ バラはトゲを除き(→P.12)、その他の花とともに茎についた葉はすべて取り除いて使用。ヒヤシンスは葉と根の部分を取り除いて使用。

○ 束ね方はブーケ・モザイク(→P.18)の要領で。間にケールやハーブゼラニウムを挟みながら高さを揃えたラウンド形に組む。

テーマ
色

陽だまりのパステルブーケ
Bouquet de couleur lumineuse

| 温かみのある配色を楽しむ

暖色系のパステルカラーのラナンキュラスをメインに、
陽だまりのようなイメージに束ねたブーケです。
淡いオレンジ系からピンクに黄色を合わせ、
深みのあるオレンジと黒をスパイス的な役割としてプラス。
メインの色ばかりが目立ちすぎないよう色の配分を工夫します。

> 花材

- Ⓐ ラナンキュラス"タソス" … 5本
- Ⓑ ラナンキュラス"ミックス" … 5本
- Ⓒ ライラック … 5本
- Ⓓ パンジー … 23本
- Ⓔ フリチラリア … 7本
- Ⓕ アメリカイワナンテン … 10本
- Ⓖ ヘデラベリー … 5本
- Ⓗ ローズゼラニウム … 3本
- Ⓘ ハーブゼラニウム … 3本
- Ⓙ アップルミント … 10本
- Ⓚ レモンリーフ … 7本

> 花材選びの ポイント

○ オレンジからピンクのパステルカラーのラナンキュラスをメインに、黄色のパンジーを合わせて。ここに渋めの濃いオレンジのパンジーと黒い実ものを加えて全体を締め、ラナンキュラスだけが突出しないようにまとめる。

> 作り方のポイント

○ 束ね方はブーケ・デコラティフ（→P.26）の要領で。花がきれいに見える空間を作り、奥行きを意識しながら、ラウンド形に組む。

アンティーク色のランのブーケ

テーマ 花材

Bouquet d'orchidées couleur antique

ランの色みを生かしたブーケ

ランの中でも、自然界に存在するものとしては珍しい
独特の艶と質感を持つパフィオペディルム。その魅力を色で見せるブーケです。
合わせる花材はパフィオの中にある茶から紫の色に同調するものを選び、
全体をアンティークトーンの茶色でまとめました。

> 花材

- Ⓐ パフィオペディルム ……… 8本
- Ⓑ クリスマスローズ ………… 3本
- Ⓒ ティーツリー ………………… 2本
- Ⓓ 銀葉アカシア ………………… 1本
- Ⓔ アメリカイワナンテン ……… 5本
- Ⓕ アイビー ………………………… 2本
- Ⓖ シルバーレース ……………… 7本

> 花材選びの
  ポイント

○ パフィオペディルムから色のグラデーションでまとめるため、合わせる花はパフィオと同じ色を持ちながらその魅力を引き立てるクリスマスローズを選択。

○ 葉物は緑から茶色のグラデーションになっているものを揃え、パフィオの色みに合わせる。

> 作り方のポイント

○ パフィオは花がすべて正面を向いているので、ブーケの中に入れるときに上を向くように調整。指で花首を上に上げ、続いてグリーンを入れて固定し、形が保てるようにする。

テーマ
花材

野性的なバラのブーケ
Bouquet de roses branchues

スプレーバラをナチュラルに束ねる

大輪バラのミニサイズという扱いで使われることが多いスプレーバラを、
茎や葉、トゲも残してナチュラルなイメージに束ね、
その魅力をたっぷりと見せるブーケです。
ブーケ・シャンペートル（→P.32）のように、
庭に咲くバラを摘んで束ねた雰囲気に仕上げます。

> 花材

- Ⓐ スプレーバラ"パフ" ……… 5本
- Ⓑ スプレーバラ"ジル" …… 12本
- Ⓒ スプレーバラ"ティータイム"
  ……………………………… 9本
- Ⓓ スプレーバラ"オードリー"
  ……………………………… 6本
- Ⓔ ツインキャンドル ……… 5本
- Ⓕ クリスマスローズ ……… 4本
- Ⓖ グリーンベル …………… 5本
- Ⓗ セージ …………………… 9本
- Ⓘ ガマズミ ………………… 1本
- Ⓙ ハーブゼラニウム ……… 3本
- Ⓚ アップルミント ………… 5本
- Ⓛ バラ"ホワイト・メディランド"
  (茎) …………………… 3本
- Ⓜ レモンリーフ ………… 10本

> 花材選びの
  ポイント

○ 色や咲き方が異なる4種類のスプレーバラを用意。庭に生えているようなナチュラルな印象のものだけを選択。
○ 赤みがかった茎の色がきれいなスプレーバラ"ホワイト・メディランド"を茎のみ使用し、スプレーバラの茎の美しさを強調する。

> 作り方のポイント

○ スプレーバラは握る手より下の葉とトゲは取り除くが、上は残して束ねる。自然的な印象に仕上げながら、トゲと葉の美しさを見せるため。
○ バラはあちらこちらの方向を向いていて構わない。庭バラを自然に束ねた印象にするため。

テーマ
花材

香りの庭バラのブーケ
Bouquet de roses et parfum du jardin

香りを楽しむブーケ

香りのよいバラとハーブを組み合わせて束ねました。
ハーブの香りはバラによく合うので、花材選びはそれほど難しくありません。
作り方はブーケ・デコラティフ（→P.26）の要領で、
バラの間にクッションとしてハーブを挟みながらラウンド形に束ねます。

> 花材

- Ⓐ バラ"ジャルダン・アラ・クレム" …… 12本
- Ⓑ バラ"イヴミオラ" …… 6本
- Ⓒ バラ"イヴシルバ" …… 5本
- Ⓓ ツインキャンドル …… 5本
- Ⓔ クリスマスローズ …… 3本
- Ⓕ ガマズミ …… 1本
- Ⓖ セージ …… 3本
- Ⓗ ハーブゼラニウム …… 3本
- Ⓘ アップルミント …… 12本
- Ⓙ スペアミント …… 9本
- Ⓚ ローズマリー …… 4本
- Ⓛ チョコレートワッフルゼラニウム …… 3本
- アストランチア …… 4本

> 花材選びのポイント

○ バラの中でも特に香りがよく印象的なものをピンク系のグラデーションで選ぶ。ツインキャンドルはブーケ全体の形と質感に面白さを出すために入れる。

○ クッションとして間に挟むグリーンにハーブを選択。ハーブとバラは香りの相性がよいので、何でもOK。

> 作り方のポイント

○ アストランチアとハーブをクッションとして間に挟みながら、ハーブ類は外に飛び出すように入れてきれいなラウンド形に束ねる。

フランス
思い出の風景を
花束に

故郷フランスで子供の頃に見た、
春から夏のなつかしい風景をブーケに仕立てました。
バラ、グラス類、アジサイ、ダリアと、
それぞれテーマとなる花材を決めて、
そこからイメージを膨らませています。

ライレローズのバラ園にて
La roseraie à l'Haÿ-les-Roses

パリ近郊のバラ園には、よく祖父と一緒に出かけました。
特にライレローズ村のバラ園は印象深く覚えています。200年の歴史を持ち、
オールドローズをはじめ品種の保有数は世界屈指であることでも有名で、
世界中の観光客を魅了しています。
緑豊かな広々とした園内は、何度訪れても飽きませんでした。
芳しい香りとともに多彩な表情を見せるガーデンローズの姿を、
ゆっくり眺めながらの散歩はなつかしい思い出。
ピンクと白のロマンチックなバラに動きのあるグリーンを合わせ、
春の心地よい風の中で咲き誇るバラ園のバラを表現しました。

> 花材

バラ（イヴピアッチェ、ピンクイヴピアッチェ、トワカップ、パリス、ジュビリー・セレブレーション）／アストランチア／ヒメミズキ／トサミズキ／紅葉ヒペリカム

> 作り方のポイント

○ バラは香りのよい大輪のガーデンローズにスプレータイプを合わせて5種類を用意。グリーンを飛び出すように配置し、花は多少の凹凸をつけながら色を塊で見せるように束ねることで、バラ園らしい華やかさを演出した。

ロワールの夏休み
Mes vacances en Pays de la Loire

> ## 花材

クロコスミア／ベルベロン／アストランチア／紅葉ヒペリカム／シモツケ／モナルダ／ユーパトリウム／ペニセタム／スモークグラス／ワイルドオーツ／カルカヤ／ベニスモモ／エノコログサ／パニカム数種

> ## 作り方のポイント

○メインの花材は夏らしい印象の穂物。花はクロコスミアとミントの花のみで、主役となる大きい花材は使っていない。茶色とグリーンの色みの中で、アクセントとなるように配置。穂物がきれいに見えるように花材は細かく入れ、奥行きとボリュームを出す。

夏休みはいつも、父方の祖父の故郷、ロワール地方の村で過ごしました。ロワールといえば、河の流域に王家の城や貴族の屋敷、大聖堂など、歴史的建造物が多く残ることで有名です。
華やかであると同時に、豊かな自然に恵まれた場所でもあります。
河のほとりを散策したり、森の空気を吸い、植物を集めて楽しんだり。
そんな子供時代の夏の郷愁を、ブーケに託しました。
自然の中に育つ、名もなき植物をたっぷりと合わせたイメージの、シャンペートルブーケです。ふわふわと揺れる穂物とハーブの花が、賑やかな夏の雰囲気を醸し出します。

ブルターニュの夏
L'été en Bretagne

日本でアジサイといえば、梅雨を連想させる花ですが、
フランス北西部ブルターニュ地方では、夏を代表する花の一つです。
日本原産のアジサイが西洋に渡り、品種改良され、
西洋アジサイと呼ばれる色の鮮やかな品種となり、
人々に親しまれるようになりました。海に囲まれたこの地方独特の、
グレーの石造りの家壁に沿って咲くアジサイの花々は、夏の風物詩です。
そのイメージを、ブルーのアジサイを束ねて表現。
グレーとブルーを塗り合わせて仕上げたサイドテーブルに飾り、
空間そのものでブルターニュの風景を作り出しました。

> 花材

アジサイ／ブルーベリー／アストランチア／紅葉ヒペリカム／リョウブ

> 作り方のポイント

○個人的にアジサイは、サブ花材として間を埋めるために使うことが多い。ここでは季節のアジサイを美しく見せることを考えて制作。色づき始めたブルーベリーを入れることで、ブルーからグレーへと色をつなげた。旬のリョウブを合わせて涼やかに。

ポタジェのダリアを主役に
Bouquet de dahlia du potager

> 花材

ダリア（ラ・ラ・ラ、影法師、サンタクロース、エオナG）／アジサイ／アストランチア／バジル／ミント／ベニスモモ／カリン／シモツケ

> 作り方のポイント

○ ダリアはピンクを中心とした、斑入りのニュアンスのあるものを4種類使用。花がすべて同じ方向に向かないように、ほかの花材で顔を支えるなどの工夫をして配置。カリンの枝やバジルなど、果実やハーブを合わせることでポタジェの雰囲気を演出した。

フランスの田舎に行くと、ポタジェ（家庭菜園）を多く見かけます。
野菜だけでなく果樹やハーブ、花も栽培され、
実用と観賞の両方の目的を兼ね備えた庭であることが特徴です。
夏から秋にかけてのポタジェは、まさに見頃。
ダリアも、この時期に美しく花を咲かせるポタジェの定番ですが、
なぜかいつも庭の隅に追いやられ、地味な存在、というのが私の印象です。
そんなダリアに光をあてて、華やかなブーケを作りました。
幾重にも重なる繊細なピンクの花びらから、
ベニスモモやバジルの赤茶色へと色をつなげ、近づく秋を表現しています。

柔らかな自然光が差し込むアトリエ。床には白木のカナダ杉に手を加えて古木風に仕上げた板を貼り、壁も好みの色に塗装。時を経た美しさを表現したいと思い、内装はすべて自分の手で行いました。

Laurent.B Bouquetier へようこそ!

東京・田園調布の一角に構えたレッスンスペース兼アトリエ「ローラン・ベー・ブーケティエ」は、
私の花と創作へのこだわりが詰まった居心地のよい空間。その一部を紹介します。

インテリアの一つひとつを、
納得のいくまで
時間をかけてリメイク

ブロンズや白などの色を何層にも塗り重ね、アンティーク風にリメイクしたフレーム。中にはカービングワークと塗装によって絵画のように仕上げたパネルをはめて、壁にディスプレー。

知り合いから譲り受けた写真右のミラーは、フレームにオレンジや黒、ブラウン、ブロンズなどのペンキを繰り返し塗ることで、使い込まれた雰囲気に。写真左のシャンデリアは、腕木の先が葉をモチーフにしたデザインになっているところが好きでリメイクし、アトリエに飾っています。

ガラス扉付きの棚は、日本の病院でかつて薬棚として使われていたもの。本来の役目を終えてアトリエにやって来たものを、ペンキを塗り重ねてアンティーク風によみがえらせました。飾り棚として愛用しています。棚の中をたくさんの花で埋め、撮影に使ったことも。

左上／花器は形のみ生かし、色は好みのテイストに塗り替えます。左のブリキ製のものは、ペンキを重ねてわざと錆びた質感に。左下／鍵穴カバー、シャンデリアのパーツ、テーブルの留め具など、フランスの蚤の市で集めた装飾品。時代を経て変化した鉄の味わいが気に入っています。イベントのディスプレーに使用することも。上／古いランプのリメイク。シェードをはずし、ワイヤーで手作りしたフレームとグラスチューブを取り付けて。

左／こちらもフランスの蚤の市で見つけた鉄製の花器カバー。歴史を感じさせつつエレガントなデザインが気に入って購入。右／ワイヤーで作ったフレームを木の土台に固定し、ミニボトルを取り付けたハンドメイドの花器。余った小花や名もない草を生けてもさまになります。

左／スワロフスキーのクリスタルにワイヤーワークを施した、ローラン・ベー・ブーケティエオリジナルのペンダント。アトリエで販売しています。右／祖父から譲り受けた、ロワールの古城で使われていたというアンティークの食器。フラワー装飾にアクセサリーとして取り入れることも。

花を生けたり
小道具として使ったり、
愛用の家具と器と
小物たち

ロココ調の椅子のリメイク。左は座面と背もたれの布をイタリア製のシルクに張り替えました。シックなアトリエ内でパッと目を引く存在です。右は、スケルトンの状態にして色を塗り替えたところ、雰囲気があるのでこのままに。座面に加工をし、花をアレンジすることも。

Profil

ローラン・ボーニッシュ
Laurent Borniche

フランス、パリ・ブーローニュの森に隣接する高級住宅街スイイ市に100年近い歴史を持つ花店の4代目として生まれる。16歳よりフローリストの道を歩み始め、20歳で仏フローリスト国家資格BP（フランス文部省認定フローリスト職業教育上級免状）を取得。パリの老舗花店で修業を積み、1998年、EFP（イル・ド・フランスフローリスト組合・パリフローリスト養成学校）派遣講師として来日。独自の色彩感覚、感性、創造力により生み出されるフレンチスタイルのデザイン・花装飾で注目され、フラワースクールの主宰、デモンストレーション、イベント企画、オリジナルの花器や商品プロデュース、テレビ、雑誌などで多岐にわたり活躍する。2014年、フラワースクールとデザインアトリエ「Laurent.B Bouquetier（ローラン・ベー・ブーケティエ）」を設立。著書に『ローラン・ボーニッシュのフレンチスタイルの花贈り』（誠文堂新光社）がある。

Laurent.B Bouquetier （ローラン・ベー・ブーケティエ）

東京都大田区田園調布3-4-5 1F
TEL:03-5755-5683
https://www.laurentb-bouquetier.com/
e-mail:info@laurentb-bouquetier.com

本書は、2014年小社刊『ローラン・ボーニッシュのブーケレッスン』に
一部加筆した増補版です。

撮　　影　　　日下部健史
装丁・デザイン　　佐藤アキラ
編　　集　　　宮脇灯子

ローラン・ボーニッシュの
ブーケレッスン new edition
フレンチスタイルの花束 基礎とバリエーション

2014年5月16日　　発行　　　　　　　　　　　　NDC 793
2018年1月25日　　第2版発行
2023年4月6日　　第2版第2刷

著　　者　　　ローラン・ボーニッシュ
発行者　　　小川雄一
発行所　　　株式会社 誠文堂新光社
　　　　　　〒113-0033 東京都文京区本郷3-3-11
　　　　　　電話 03-5800-5780
　　　　　　https://www.seibundo-shinkosha.net/

印刷・製本　　図書印刷株式会社

Ⓒ2018. Laurent Borniche.　　　　　　　　Printed in Japan

検印省略　禁・無断転載

落丁・乱丁本はお取り替え致します。

本書のコピー、スキャン、デジタル化等の無断複製は、著作権法上での例外を除き、禁じら
れています。本書を代行業者等の第三者に依頼してスキャンやデジタル化することは、たと
え個人や家庭内での利用であっても、著作権法上認められません。

本書に掲載された記事の著作権に帰属します。これらを無断で使用し、展示・販売・レンタ
ル・講習会などを行うことを禁じます。

JCOPY ＜（一社）出版者著作権管理機構 委託出版物＞
本書を無断で複製複写（コピー）することは、著作権法上での例外を除き、禁じられていま
す。本書をコピーされる場合は、そのつど事前に、（一社）出版者著作権管理機構（電話
03-5244-5088／FAX 03-5244-5089／e-mail:info@jcopy.or.jp）の許諾を得てください。

ISBN978-4-416-71735-6